川沙名胜

《川沙名胜》编写组 编

上海科学技术文献出版社

《川沙名胜》编写组

高所贵　　陈惠娟　　石　　立

杨惠林　　潘建龙　　周敏法

陈金虎　　施济屏

序

古镇·川沙
中国历史文化名镇
上海市城市副中心

上海市浦东新区川沙新镇。

川沙,位于上海浦东新区东南部,长江入海口东南侧;毗邻浦东国际机场和中国(上海)自由贸易试验区,坐拥迪士尼乐园;处在上海东西城市发展轴的主线上,是上海浦东链接世界的东大门,区位优势独特,战略地位重要。

川沙,历史上曾为海洋,是在江砂冲击与海潮径流长期作用下而逐渐成陆的,宋朝初期起就是海滨盐场;明嘉靖三十六年(1557年),为防御沿海倭患,当地民众在一个叫"川沙洼"西面修筑了堡城置兵戎守,川沙之名由此流传。整整460年过去了,有一段古城墙保留至今,而护城河基本完好。川沙古城的历史,也从那个时候开始基本完好地流传下来。清嘉庆十五年(1810年)国家设置川沙抚民厅;1911年辛亥革命中改厅为县,设置川沙公署,治所驻地称城厢镇。

在这么一个区域,自然也会留存下许多的古迹和名胜。

川沙新镇是老浦东历史文化的集中和传承区域。古城的核心素有"堡城"之称,位于川沙新市镇中心位置,特色特质突出。2014年,川沙老城厢被授予"中国历史文化名镇"称号。

一、风水堡城,留存传统街巷印记

如今的川沙古镇,依然保留着方形城池、护城河环绕的完整格局,是一座堡城。堡城东南隅遗存有明代的古城墙,城墙上有魁星阁、岳碑亭等古迹。城内的中市、南市、北市、西市,双"十字"

古街，延续着清末民初江南传统街市风貌。城东护城河外有东门外街，留存着城外延厢的历史格局。川沙古镇历史上还有"川沙八景""九庙十三桥"等独特景致。川沙堡城是浦东乃至上海现存城池格局最完整、传统肌理保存完好、传统风貌街巷最长、历史遗存众多、遗存文化多元、保护利用价值极高的古城建置聚落。

二、名人故里，留下人文历史传奇

川沙曾经养育了众多的伟人名宿，为中国的革命和建设作出了重要贡献，成为川沙历史源远流长的瑰宝。如国母宋庆龄、中国职业教育奠基人黄炎培、上海大革命时期中共领导人林钧、音乐家黄自、文学家胡适、营造家杨斯盛、著名收藏家沈树镛等，或出生在川沙，或在川沙居住生活过，自明代至今，川沙人才辈出，各行各界的名人达100多位。川沙一直非常重视教育和文化传承，早在鸦片战争前，这里就兴办学堂。在古城墙一隅的观澜小学（前身观澜书院）具有180多年的历史，是上海历史最悠久的小学；川沙工业以"三刀一针"闻名，即泥刀、菜刀、剪刀、绣花针，形象的概括和突出了川沙建筑业、纺织业、餐饮业及绣花工艺等民族工业在近代的历史地位；川沙建筑业以杨斯盛、陶桂松为代表，纺织业以沈毓庆为代表；餐饮则有着"川沙老八样"的传承品牌。

现今堡城内仍较完好地保留着多处名人居所，宋庆龄、黄炎培早年居住过的内史第，还有川沙近代营造业名家的居所。

三、海派营造，见证中西文化交融

川沙堡城内的建筑，具有中西合璧、布局交织的特色。在清末、民国、建国初、改革开放后留下的建筑既有江南传统特色，也受西方建筑风格影响，细部特征随时代而变化。堡城内保留了多处江南传统民居，沿街的传统商住建筑、花园洋房、石库门等，留存了上海老城厢的风貌。如兰芬堂、养和堂、连城别墅、王文魁故居以及陈宅、蔡宅等。

川沙营造业工匠们建设了外滩中国银行大楼等一大批上海优秀建筑，他们回到家乡造楼盖房尝试了洋为中用，如彩色玻璃、山花、拱窗、柱式、马赛克铺地等，设计与技术融入川沙当地建筑，出现了最具代表性的陶桂松故居、以德堂、以道堂、丁家花园等，这对于我国近现代建筑历史发展的研究具有重要的意义和价值。川沙也是近代著名的毛纺之乡，1900年开始，毛纺工业盛极一时，堡城内的棉纺十九厂厂房以现代结构的几何形体代替了原始古朴的建筑形式。

四、宗教遗存，保留另一种文化记忆

沿浦东运河西岸有一条700米长的护塘街，承载着上海浦东地域从宋代捍海塘到明清街市的千年变迁，至今还保留着的长人乡庙（今名长仁禅寺），就是建造在有一千年历史的老护塘大转弯基础上。

千年至今，川沙宗教活动盛行，现今仍旧保留了大量的宗教建筑遗存；川沙一直有"九庙十三桥"的记载和传说；今天川沙堡城存有城隍庙、财神庙、关帝庙，有供奉妈祖的天后宫，有天恩堂、川沙大教堂等，还有孔子庙（川沙中学）、观澜小学内的敬业堂、文照堂等膜拜圣贤的教育场所。

五、戏剧之乡，非物质文化遗存众多

川沙民间文艺早有传承，道光《抚民厅志》已有"各团、路秋成时，间有外来男女演唱……花鼓戏"的记载。川沙民间的花鼓戏起源于民间的山歌小调，有浓厚的乡土气息，为群众所喜闻乐见。民国初年，川沙开始有滩簧。受文明戏的影响，滩簧又从表演唱演变为舞台剧，以后改名为申曲、沪剧，成为上海的特色戏曲。起源于民间的浦东说书与沪剧一样，至今还深受本地居民的喜爱。

川沙有11个文化项目被列为非物质文化遗产,川沙沪剧、江南丝竹、浦东说书还被列为国家级保护项目。

六、浦东之根,老城厢风貌留存至今

黄炎培先生曾说:"浦东文化在川沙,川沙文化在内史第"。

川沙古城风貌特色明显,城内和城周边没有高层建筑的包围或分割,保持着多层和低层建筑的宜人尺度。古城现有文物保护单位15处(其中3处为不可移动文物),包括国家级与区级文保单位10处、历史建筑91处。城内原有传统街坊留存度达60%以上。

川沙拥有的历史文化资源之丰富,保存之完好,是浦东任何一个地区都无法比拟的。

川沙有时代高度:川沙中心城区的"川沙大厦"高97.80米,是1993年建成的地标性建筑,它和城厢镇改为川沙镇是同一年;是浦东开发第一批的高楼,也是当时上海市郊区第一高楼;是浦东开发和川沙发展的时代见证者!

川沙有历史深度:这里的历史遗存和名人足迹都印证了川沙堡城的独特价值!她是上海先民滨海繁衍的历史写照、明代海防抗倭的真实遗存、江南滨海水乡古城的特色代表、宋氏家族传奇经历的序幕篇章、近代民族工业发展的重要见证、上海浦东历史文化的发源之根!

川沙有发展广度:根据《上海市城市总体规划(2015-2040)纲要》这份上海市的整体发展建设规划,川沙的定位是"培育建设上海市城市副中心,与中心城共同发挥全球城市核心功能作用";川沙的重点目标是建成上海大都市的旅游城和航空城。

《川沙名胜》编写组

目录

序　1
川沙古城墙公园　8
内史第　16
川沙老街　26
观澜书院　34
六灶古镇　40
张闻天故居　46
人民大会堂　51
铁沙商城　55
川沙大厦　59
川沙营造馆　63
川沙文庙　68
陆家楼群　73
陶氏精舍　78
连宏生民宅　82
陶家宅　86
曹氏民宅　91
吴家老宅　95
大洪村饶家宅　99

目录

真武台与连城别墅　103

中山纪念堂　107

黄家楼下（杜浦庙、杜浦亭）　111

朱家店抗日之战纪念碑　115

川沙烈士陵园　119

川沙公园　125

鹤鸣楼　131

川沙廊道　136

护城河　139

川沙"名人苑"　144

川沙小火车站　148

飞虹复道　154

小火轮码头　157

东门桥与东门街　161

东公益桥　168

界龙　170

游龙石文化科普馆　174

长仁禅寺　179

川沙城隍庙　183

目录

天恩堂 188

关帝庙 192

吴氏家祠 196

六灶傅家祠堂 200

东门贞节牌坊 203

小普陀寺 207

川沙天主堂 211

七灶天主堂 216

八团古镇 220

护塘街 227

钦公塘 234

川沙八景 238

九庙十三桥 244

东野草堂 248

林钧故居 252

杀虎墩 254

乔家厅和乔家家族 258

川城风云四百六十年 260

后记 265

川沙古城墙公园

在川沙古镇新川路167号,有座古朴典雅的川沙古城墙公园。公园临护城河畔巍然屹立一段60米左右长的明代古城墙,是上海地区保存最好的较完整的古城墙之一。

公园里古树名木葱翠成林,异花遍地盛开,城墙上有"岳碑亭""魁星阁""古炮台"等古迹,城墙西侧下有"敬业堂",设有"川沙古城墙历史陈列室"。这些古建筑飞檐翘角、气势雄伟,是川沙乃至浦东新区特有的名胜古迹,吸引了众多中外游客流连忘返。

川沙古城墙

川沙镇域属江海冲击平原,地处古代戍卒屯垦的海疆。明朝嘉靖年间,屡遭倭寇侵犯,百姓深受其害,生活不得安宁,筑城抵御倭寇是民心所向。川沙地方绅士太学士乔镗和王潭顺应民意,在松江海防同知罗拱辰及上海知县牛镱等支持下,构筑川沙城堡。

嘉靖三十六年（1557年）9月开始筑城，川沙民众热情高涨，就地修窑烧砖，肩挑车运……，仅用3月多时间就竣工。川沙城墙周长十里，高二丈八尺，址阔三丈有奇，设东南西北"镇海""迎瑞""太平""拱极"四个城门，建月城堞楼。城头堞楼372垛，炮台12座。城墙外开挖了护城河，现保护完好，阔12丈，深1.5丈。城门外的护城河上建吊桥4座。建成后的川沙城墙高耸挺拔，堞楼宏伟。护城河宛如银带，把城堡紧紧怀抱，有效地抵御了倭寇入侵。

川沙古城墙历经沧海桑田。1925年，城墙大部分拆除，仅存东南端和西北端的200余米。"文化大革命"时，因扩建城厢小学（现观澜小学）、川沙县防疫站（现疾病控制中心川沙分部）又拆存50余米。长期以来，古城墙围在校园内没有对外开放。

2002年，川沙古城墙被列为浦东新区文物保护单位。为了更好地保护利用文物古迹，2010年，在浦东新区宣传部、文物保护管理所等职能部门关心指导下，川沙新镇政府将古城墙从观澜小学分离出来，加以修缮，开辟为"川沙古城公园"。

岳碑亭

岳碑亭因亭内有岳飞手迹石碑而得名。石碑为青石，高165厘米，宽82厘米，厚15厘米。石碑上雕刻着民族英雄岳飞应商丘狂学士李梦龙之邀，于河南开封舞剑阁书写的七言绝句："学士高僧醉似泥，玉山颓倒瓮头低。酒杯不是功名具，入手缘何只自迷"。诗文洋溢着岳飞精忠报国的爱国主义精神和情怀。

岳飞（1103—1142），字鹏举，河南汤阴县人，当年抗金的战场也在江淮和中原一带，1142年1月被奸臣陷害，死于杭州风波亭。岳飞的好友李梦龙是大学士，能文能武。见南宋朝廷腐败，金兵入侵，国将灭亡，于是整天借酒消愁，后在浙江天台山出家当和尚。

岳飞、李梦龙均没到过川沙。那么，岳飞的墨迹又怎么留在川沙呢？明嘉靖年间，传说有位医生王谭，出身于九代世医家庭，医术高超，被聘为御医，发迹后在家乡川沙城北门门外建造一座家庙"种德寺"，请来了当时有名的天台山了心和尚做主持僧，而了心和尚是李梦龙再传弟子，他随身带来了李梦龙传下来的岳飞诗帧墨迹。清道光十二年（1832年），川沙厅同知郑其忠在种德寺发现了岳飞的手迹，为防止文物湮没失传，就请人把岳飞的诗文摹勒于石，立于种德寺。清咸丰十一年（1861年），种德寺毁于大火，石碑倒于荒烟蔓草中。后被川沙厅知事陈方瀛（浙江海盐人）发现，移到观澜书院（现观澜小学）荷花池畔草地上，并为石碑建亭。1913年，碑亭年久失修倒塌，将石碑移进东侧的文昌宫。1929年7月，观澜小学第23届毕业生将石碑移到城墙上，并建亭保护，取名"岳碑亭"。1979年8月学校予以修缮。1982年，上海市副市长宋日昌为"岳碑亭"书写匾额。1982年，邑人陶伯育出资重建碑亭。1995年，新区文保所对碑亭进行保护性修缮，并列为区级文物保护单位和青少年思想教育基地。

魁星阁

在川沙古城墙公园的东南隅有座"魁星阁"，是高三层的宝塔形建筑。六面飞檐翘角，可谓当时川沙最高的建筑物。魁星阁有个葫芦形塔顶，据传，为保一方平安，建塔时在葫芦里特意放置了一颗珠宝，名曰"定火珠"。说也奇怪，自魁星阁建成后，川沙城从无火警发生。这虽是历史巧合，但也为魁星阁披上了一层神秘的面纱……

魁星阁是由时任川沙厅同知何士祁（字竹芗）于清道光十二年（1832年），用自己的薪俸建造的。他期望魁宿能光顾川沙，接受人间香火，保佑观澜书院世代学子，人人学有所成。相传"北斗星"中斗形的天权、天机、天枢、天旋四颗星，统称为"魁星"，是二十八宿之中魁宿的象征，主管人间文化兴衰。故有状元即是魁星下凡之说。

1925年，川沙古城墙拆除，仅保留东南隅观澜书院（今观澜小学）中200多米的一段城墙，魁星阁作为文物古迹得以保存。1947年，邑人张文魁慷慨解囊，出资重修。1966年"文化大革命"中，魁星阁被毁于一旦。1987年，旅居香港的同胞陶伯育先生回故里，赠款重建，于1998年落成。魁星阁再现了当年的雄姿。

敬业堂

在川沙古城墙公园西侧，有幢依墙傍河颇具江南建筑风格的"敬业堂"。

清道光十四年（1834年）时任川沙厅事何士祁捐俸银千两，建川沙历史上第一所学校"观澜书院"（今观澜小学），"敬业堂"为书院讲堂。堂屋雕梁斗拱，粉墙黛瓦，结构精美。

建院后的一百余年间，"敬业堂"长期作为学校讲堂、礼堂。1987年学校改造，"敬业堂"迁建于古城墙下侧，时年107岁的著名书法家苏局仙特为"敬业堂"题写匾额。为了更好地保护和利用历史文物古迹，在浦东新区宣传部、教育局、文物保护管理所等部门关心下，川沙新镇人民政府将"敬业堂"从学校分离出来，改建成为现在的坐西朝东向，成为川沙古城墙公园景点之一。

现在，"敬业堂"内设"川沙古城墙历史陈列室"，详尽介绍了古城墙、岳碑亭、魁星阁、敬业堂等名胜古迹史料，图文并茂。

敬业堂两则圆柱上有两幅楹联："先哲建堂观澜累代培桃李，后生敬业学子连年出英才""何士祁建书院造福一方子弟；黄炎培办学堂培养四海人才"。敬业堂在鲜花翠草绿树映衬下熠熠生辉，给人无尽遐想……

古城墙、岳碑亭、魁星阁、敬业堂、古炮台等在川沙古城墙公园融为一体，构成了川沙古镇著名的名胜古迹，成为浦东新区重要的历史文化遗迹。

重修川沙古城垣记

川沙滨海之地，前朝洪洼深阔，海舶易入，世宗失政，倭患频年。

嘉靖三十六年，倭寇初离，人情惴惴，朝廷应里人乔镗、王潭之请，筑城备倭。自此，倭不再犯，境宇遂安。清嘉庆十五年后城垣渐废，民国十四年获准拆除，仅留东南一角，并存有魁星阁、岳碑亭、笔塔等史迹。解放后视作文物，不时整葺，然"文革"期间，备遭损毁。

邑人陶伯育先生，缅怀乡里，桑梓情深，1987年偕夫人重游故地，为留先人业迹，壮一方观瞻，继创建侨光中学后，复资助港币二十多万元，以重修古城垣。现已事毕工成，纵目城头，碑阁如故，校园一隅，景物更新；生童得课读于内，里人可游憩其中，此诚为一善举也。故铭文以记。

（1988年9月川沙县人民政府立，朱鸿伯撰文并书）

川沙名胜·川沙古城墙公园

古城墙

古炮台

川沙名胜·川沙古城墙公园

岳碑亭

岳飞字迹

川沙名胜·川沙古城墙公园

敬业堂

内史第

"内史第"坐落于上海浦东新区川沙新镇新川路218号,坐北朝南,三进院落,是一座典型的江南官宦宅第,又是一座国内罕见的名人集聚的江南民宅。

由于建造者沈树镛是一位金石学家和大收藏家,"内史第"中曾经藏有汉碑、六朝造像、唐石、宋石等众多文物精品。俞平伯之父俞樾老先生曾感叹内史第"文物古迹,富甲东南";而黄炎培也曾说过"浦东文化在川沙,川沙文化在内史第"。

"内史第"南厢房为宋庆龄以及宋美龄、宋子文等宋氏姐妹的诞生地,现在"内史第"西南角沿街房为浦东新区文物保护单位"宋氏家族居住纪念地"。东厢房为黄炎培次子、民主战士黄竞武烈士,堂侄、著名音乐家黄自及其弟会计学家黄祖方的诞生地。内宅楼东首则是现在的黄炎培故居。全国政协常委黄大能、著名学者胡适等近现代名人也曾在此居住。

从内史第走出的名人还有中国著名水利专家黄万里、中国编织大师黄培英、著名数学家黄且圆等。

变迁和修复

我们重点要说的是"内史第"的变迁和修复。

"内史第"原来叫"沈家大院",为沈树镛祖上所建。清咸丰九年(1859年)沈树镛中举,但是他待在京城一直没有具体官职,约过了两年,正在着急之时,皇帝钦定沈树镛为内阁中书,相当于今天我们说的皇宫的秘书,是一个六品官。沈树镛非常高兴,马上回到老家,把祖上所建的沈家大院修缮一番,并且改名"内史第"。明明是"中书"怎么叫"内史"?原来"中书"在宋代以后又称为"内史",所以这是一幢"内史官员的府第","内史第"由此而来。

"内史第"坐北朝南,原是三进两庭院两厢式二层砖木结构的民宅。沈家几代都是一脉单传,沈树镛上任去后,门庭冷落。于是出嫁在南汇瓦屑的沈树镛的姐姐一家子搬进来住了。她就是黄炎培的奶奶。黄炎培爷爷奶奶生了六个子女,六个子女又繁衍后代,到黄炎培这一代,内史第人丁兴旺。

之后一百年左右的时间,由于各个家庭起起伏伏,人员进进出出,加上社会变迁,时局变化,内史第的成员也有了非常大的变化。里面住过居民,也有过单位办公,号称"72家房客"。最后,政府接管了内史第。

20世纪80年代中期,内史第三进院拆除了前面两进,造起了商品房,留下的最后一进就是黄炎培的出生地,面积只有733平方米,所以挂了"黄炎培故居"的门牌,大门常年紧闭,只留一个值班看门的。

1991年,"黄炎培故居管理所"正式成立,经过上海市文物管理委员会勘查,列为上海市文物保护单位。也就是从那时开始,全面恢复、修建"内史第"提上议事日程。

1994年，《新民晚报》连续一周发表专文，介绍内史第，从舆论上予以支持。

1996年，社发局、经贸局、农发局、川沙镇、华夏公司五方会议，一致表示支持修复。

2000年新区政府成立，那时起，在多次人大、政协会议上，不少代表、委员都提出希望恢复、修建内史第。

2003年的两会结束后，浦东新区政协主席李佳能带着各个职能部门领导60余人到内史第现场办公，当场拍板，立项建设。

2004年，内史第重建、修复列为浦东新区重点文化项目。

之后是漫长的动拆迁、设计规划、招投标。迁走了113户居民；邀请交大、同济等大学按照清末民初的房屋设计；苏州园林公司承建。

2010年4月1日正式开工建设，当年完成土建。

2012年11月完成布展，预展一个月，收到很好效果。

2013年4月16日，内史第正式对外展出。

今天内史第的占地面积达3424平方米，建筑面积1869平方米。

特别要提一下的是，内史第比起以前，向后退了6米。原因是碰到了前面新川路的建筑"红线"。少了6米，少了什么？沿街第一进的东西厢房各有三间分别减少了一间：西面原来是"福音堂"，现在"福音堂"减少了三分之一；东面三间厢房是当年胡适母子借住的，现在也减少了一间。

历史永远是遗憾的。

内史第文物的故事

内史第在恢复、修建的同时，文物的收集工作也在展开，这是一项很艰苦的工作。徐汇言担任过20多年内史第管理所负责人，对此有亲身的经历和深切体会：

我是1993年来到内史第工作的，可以说参与了内史第修复、重建的整个过程，这个过程涉及方方面面，其中收集、整理展品和文物就是一件很重要工作。这方面，各级领导，政府部门都予以了高度关注，同事们也付出了艰辛努力，这里我只说说自己经历的一些事。

先说说黄自的钢琴。黄自是中国著名音乐家，培养了贺绿汀、刘雪庵等音乐名家，他是黄炎培侄子，从小在内史第长大。修复内史第时，我们听说黄自用过的钢琴现在在他退休的儿子家中。我们找上门，黄自的儿子黄德音老人很为难，他说："音乐学院也在收集黄自物品，也提出要这台钢琴"。我们一看是20世纪20年代的斯特劳斯钢琴，价格相当昂贵，我们出不起这个价，只有打"感情牌"。我们说了重建"内史第"的情况，也把黄自专版做了介绍。老人没有吭声。看来一下子急不得，之后我们又前后十多次求访。有一次很不巧，到他家发现老人摔伤住院了，不巧当中有巧事，提供我们送关怀的机会。老人住院三个星期，我们一天隔一天到医院探望，聊天扯家常。老人终于感动了同意把钢琴给我们。为了弥补黄家人弹钢琴的需求，我们拿出了15000元请他们自己买架新的，老人不好意思不愿接受这么多，我们趁机提出把黄自用过的办公桌一起拿走，这个办公桌是黄自亲自设计定做的，抽屉大小、宽窄不一，具有放乐谱、琴弦等不同功能，是世界上独一无二的属于音乐家专用的。现在这两件真品就在内史第展出。

文物的收集关键在于用心。有一次，我外出出差，在飞机上看见"东方航空"杂志，随便翻翻，突然一幅黄炎培和邓小平1953

年在天安门城楼上的照片吸引了我，激动之余顾不上什么了，悄悄把杂志放进包里。带回来翻拍出来，伟人神采依旧，效果很好。黄炎培儿子黄大能来故居看见照片很惊讶说："这照片我都从来没看到过"。

除了"偷"，我还"抢过"。那是有一次我到北京琉璃场，想淘淘文物。门口只有老板一人在打瞌睡，我问："有没有《汉石经书》影印本？"老板闭上眼睛，一分钟后慢吞吞说："也许有吧，自己看吧"。我进入库房，那个环境又乱又脏，厚厚灰尘，脚步重一点都可以扬起一片，偏偏那几天我正犯哮喘。一切都顾不上了。我是边找边整理，终于在灰尘故纸堆里找到了清代的一套四本的《汉石经书残字》，时间悄悄过去了三个小时。我出来放到老板面前。老板醒来："啊？你没走？啊！还真有书"惊讶之余老板说，"原来要两万，看你找了三小时，就两千吧"。我一听还有门，就掏出当初"黄炎培故居管理所"名片说："行，您看，这值两千了吧"。说完夹起书就走。老板叫了起来："你这是抢哇"？我笑着说："今天我就抢一回了"。老板看看我，又看看整理得干干净净的库房，"行，行，你拿走吧"。

文物收集机遇很重要。有一次我到黄炎培创建的中华职教社总部。一位仓库管理干部对我说，我们这里有一个旧箱子，里面有什么值钱的你拿走吧。我仔细找了一遍，还真找到了12件有价值的东西。其中最重要是两张契约。一张是职教社总部当年买下这块土地的"土地契约"，一张是建造职教社总部向银行贷款的"银行契约"，这都是当年黄炎培亲手操办的，太珍贵了！现在这两张契约就在内史第展出。不少职教社老人来参观后，都惊叹不已，这么重要的文物怎么搞来的？

当然，遗憾的事也不少。比如有一次拍卖黄炎培的一封信，起价一千元,我们举牌两次后不敢举了,因为我们的用钱指标是伍仟,结果一万六千被别人拍走了;还有一次在南汇一户人家找到沈树镛的一幅字,开价三万,我们回来做方案、走流程,一周以后再上门,被人家四万元买走了。沈家大院的沈树镛的真迹就消失在茫茫人海中。

内史第的雕刻艺术

"内史第"的宅院建筑风格,不仅富有清代建筑浓郁的江南民居特色,而且其建筑中的石雕、砖雕、木雕等雕刻装饰尤为突出。

石雕艺术在"内史第"建筑中一般用于门框、门槛、房柱、梁枋、栏板、台阶等部位,最为突出的是门框图案和门槛两边石雕装饰。黑漆钢环的大门上面是由条石砌成的门框,门框上面用历代戏文中的人物和各类花鸟图案精雕细刻而成。

砖雕由于比石雕省工、经济,所以砖雕在江南民居建筑中被广泛采用。"内史第"院落的砖雕,具有上海浦东地区砖雕艺术的代表性。门楼正面的砖雕为"凤戏牡丹",这是典型的晚清建筑设计风格;门楼的下方镶嵌着"德厚春秋"四个大字。意在宣扬做人的道德品行,提倡有德有义,有诚才有信,这是"内史第"宅院主人建造宅院时的初衷,也是"内史第"主人所信奉的做人之本。门楼两旁为"状元游京城""状元献宝"等砖雕图案。

木雕在"内史第"建筑构建中较多,尤其在"立本堂"的落地长窗上,当地人称为"直楞窗",它既可以作门,也可以作窗,开而成门,闭而成窗,是门窗兼用的一种装置。"立本堂"的八扇落地长窗雕刻的"八仙过海"图,很是精美。在柱梁、正梁和壁梁上,都有各种精致图案,梁的两旁的枕檐,都是高档木质雕刻成的图案。

川沙名胜·内史第

宋氏家族居住纪念地

黄炎培故居

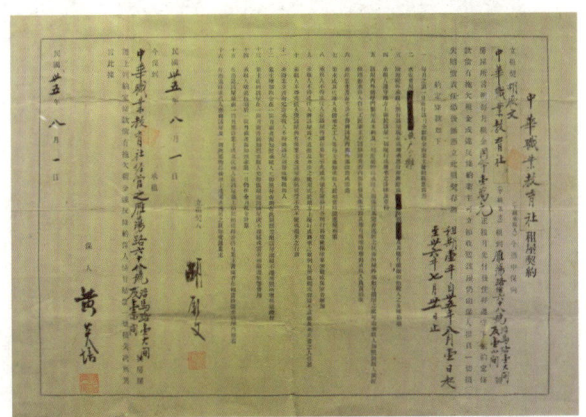

职教社总部的土地契约

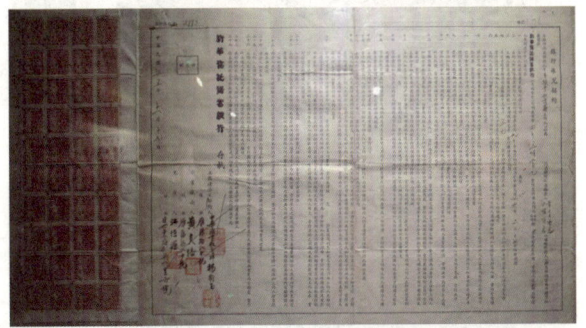

建造职教社总部向银行贷款契约

黄自使用过的钢琴

内史第木雕

内史第石雕

内史第砖雕

川沙老街

中市街

川沙古城的中心有条中市街，东西走向，起自东城壕路的吊桥（现石桥），止于西泥弄，因位于城区中部而得名。

川沙 1557 年筑城后，跨越明清两朝和民国，到上世纪 90 年代初，中市街一直是城内商业最集聚的街市，街面开阔，全长 300 多米。街上店铺林立，市面繁荣，据 1954 年商业统计，中市街有各行各业店铺 50 多家。南货店有王公义、王公兴、乾森盛；百货店有裕成、任昌、微美、孙昌记；布店有汪和顺、万昌、振昌、九龙；成衣服装店有凤凰、龚炳记、张星记、包成记、陶炳记；纸张文具有振泰、周永盛、艺林；五金店有李永兴、金门；瓷器店有隆盛、大茂；钟表店有陈兴祥、华昌、万源兴、宝泰祥；鞋铺有毛振华、陆振兴、福昌盛；豆腐店有乔万兴、张合兴；铁铺有李永兴、张大兴；刻字店有竟珍、文艺社；竹器店有万顺兴、张兰记；染坊有福昌祥、润昌祥；还有信盛嫁妆店，美华照相馆，友谊点心店，恒昌药房，同茂肉庄等。

自1956年实施公私合营后，中市街上一些店家进行了撤并和调整，一些商店的名称也作了更改，更具"时代性"。如：稻香食品商店、红艺照相馆、友谊点心店等。另外，在中市街东端的北侧开设了银行和旧货商店。

到了上世纪90年代，随着川沙城区的扩展，城内商业中心逐渐迁移，繁华了数百年的中市街日趋冷清，……

历史就是在冷静中积淀！

南市街

白墙黑瓦，方砖铺地，走进南市街，一间间清末民初建筑风格的"古代人家"展现眼前。这条长约140米，宽约4米的南市街，在恢复了清末民国初期老街的风貌的同时，力图打造成为特色书画、礼品、古玩一条街。

老街的北端，基本恢复了30多年前的格局，"国营工农饭店"，"人民饭店"都是老店名，加上供应本地汤圆、馄饨的点心店，一种久违的乡土味扑面而来，使人感受到的不仅仅是餐饮，更是一种传统和文化。

在这条南市老街上，最具特色的是中段一幢新建的建筑——博雅楼。这座楼砖木结构，共两层，占地450平方米，引入古玩、书、画、刺绣等工艺品，成为展示地方文化特色的区域。经过修复后的南市街，在保证街区整体风貌、合理利用的原则下，力求将整条沿街建筑的使用功能初步定位为商业业态。一层街面房作商业用途，临街老字号店铺、奇石、赏石店铺、古玩书画店铺等鳞次栉比。二层为居住用途。同时，还将通过广场、绿化、小品等景观，体现休闲、游憩功能，形成集商贸购物、餐饮休闲、旅游观光、民俗文化特色的多功能空间，满足不同地域、不同文化背景游客的多样化需求。

南市街的南端就是江南名宅"内史第"。

牌楼桥

牌楼桥，位于川沙城中心，与南市街、乔家弄、中市街相连，处双十字路口。据《川沙抚民厅志》卷三："桥梁之在城内，为牌楼桥，明乔氏建。"

牌楼桥地区是旧时川沙古城最热闹的地区，被喻为川沙城里的"南京路"，传有"不到牌楼桥，不算到川沙"之说。

明万历年后，川沙有两座著名的牌楼：一座称"钦奖武功坊"，是明万历末年朝廷为御倭筑城有功的乔镗而建。另一座是坐落在牌楼桥北堍的"父子进士坊"，是为表彰乔木、乔拱璧父子所建。

在川沙城中的乔家港上有座石桥,因为石桥也是明代乔氏所建，所以人们把它们联系在一起，称为"牌楼桥"。后来因乔家港河道淤塞不通舟船，河水发臭，成为垃圾成堆的蚊蝇孳生地。1926年拆除石桥，填平河道，成了东西向的乔港路。从此，牌楼桥有名无桥，成为一个地名。

当年以牌楼桥命名的地方，一直是城区商贸繁荣、最热闹的所在。直至1986年，随着城区建设的西延扩展，牌楼桥昔日城区的商业，繁荣景象不再。但，即使历史沉淀，牌楼桥的风韵却依旧。

西市街

西市街是川沙城内连接西门吊桥和北市街的的一条长约300米的老街。

众所周知，自清朝起，川沙这一仅一里见方的弹丸小城就有了

"九庙十三桥"之美誉，而"九庙十三桥"也只是一个虚数，实际的庙和桥远多于这一虚数。

就庙而言，西市街是城内庙宇最为集中的街巷。自西向东有城隍庙、天后宫、关帝庙、三官堂，关帝庙两侧的是先神庙、刘猛将军殿，还有崇福庵和施相公庙。那时，西市街整日香火不绝、人来人往，可谓以庙兴街。

西市街，作为川沙小城曾经的庙宇一条街，历经明、清、民国数百年，可到现在，除了关帝庙、城隍庙、天后宫和三官堂尚留有遗址，部分恢复之外，其余均因种种原因，早已湮没无闻，乃至无迹可寻……以庙而兴的西市街，如今由于居民住宅多，商店多，加上连接了现代商业地段，所以人气仍旧很旺。

北市街

北市街是一条南北走向的城中道路，它有几个特点：第一，是古镇核心区域唯一可以通汽车的道路；第二，从南到北，串起了中市街、西市街等古镇重要街区；第三，也是改建之后，古城中变化最大的一条街。

北市街从南到北，有不少值得一看的地方。

除了新川路口的"人民大会堂""川沙营造馆"外，还有宋庆龄、新四军研究会、养和堂等。

川沙新镇和宋庆龄儿童发展中心在北市街联手筹建"宋庆龄文化展示中心"。

"宋庆龄文化展示中心"场所分两个楼层：

一楼是展览区，陈展内容以"情景化"和"故事性"为主，由图片、实物及多媒体展示形式组成。展示了宋庆龄的家庭和成长的经历，这里还有宋庆龄的爱国情怀和民族精神，以及由宋庆龄亲自创办的妇女儿童福利事业取得的重要成果。

二楼是体验区，项目活动有母婴健康互动空间，亲子家庭活动室、儿童发展测评、儿童时代书屋、艺术课堂DIY、戏剧小舞台等。

北市街47号，早年的名字叫"恒安坊"。这恒安坊弄口挂着一块牌子，上书"上海市新四军历史研究会"。走进弄内的第一间坐北朝南的平房，就是"新四军历史研究会浙东浙南分会浦东新区大组"的办公所在地。目前浦东新区大组有会员67位，他们中间有新四军老战士的家属、后人；有离退休的老干部；有研究新四军历史的学者文人等。他们每年都举行各种座谈、走访活动，追溯和记录新四军在浦东地区的光辉业绩。

北市街74-76号是上海著名的养和堂药业连锁店，说它的特别主要有两点：一是这里原来是川沙医药公司所在地，换句话说是养和堂药业发展之处；另一个，别看是养和堂88家连锁，它的经营规模和品种在整个养和堂家族中称得上数一数二的。

南市街

川沙名胜·川沙老街

南市街博雅楼

中市街街景

川沙名胜·川沙老街

西市街上的关帝庙

北市街景

川沙名胜·川沙老街

牌楼桥的牌楼

观澜书院

观澜书院位于川沙城新川路171号。清道光十四年（1834年），由川沙抚民厅同知何士祁捐助俸银一千两，邑人沈光珣、丁尔光捐助学田创建。

何士祁曾先后四次任川沙抚民厅同知，共八年。他在《新建观澜书院记》中阐述："牧民之官，有父师之责，而风俗之厚，端由士始。"当时川沙地区还没有一所学校，因此，创办书院取名"观澜"。出典《孟子·尽心》："观水有书，必观其澜"。说的是"道之有本"。他还制定了办学宗旨：为地方计，求"风俗之厚"；为国家计，将"鼎俎卉之实，榱栌之材"；为读书计，谋"致身之阶"。

观澜书院坐南朝北，紧依古城墙。头门一楹上悬挂着"观澜书院"匾额。耳房二楹，讲堂三楹，额题名"敬业堂"（是最早的讲堂），东西有廊。后有五楹，额题名"求放心斋。东西两侧分别题额："戒欺""持志"。东侧有座"岳碑亭"。书院北有一小花苑，花木葱茏，小河荡波……

观澜书院创建后在江东地区名声大振，为地方和国家培养了不少有用之才。

川沙小学堂

清光绪二十九年（1903年），黄炎培、张志鹤力主废旧学，倡新学，禀准宫厅，将观澜书院改为"川沙小学堂"（今观澜小学）。以"诚、勇、勤、朴"为校训。

初创时设正、预科两级，有学生60余人。其后，陆续募建校舍，设置理科实验室、儿童博物馆，增设幼稚园。

民国二十二年（1933年），有教学班13个班级，学生近800人。学校规模、教学设施和办学成绩均为川沙县之冠。

抗日战争期间，校舍设备遭严重破坏。观澜书院的原貌已荡然无存。抗战胜利后，学校被国民党内的权势者所把持，管理工作松弛，教育质量下降。

校名屡经更易，清光绪三十一年（1905年）更名为"两等小学堂"民国二年（1913年）改为"川沙县立高等小学校"。民国六年（1917年）改为"川沙县公立小学校"。民国二十二年改为"川沙县观澜小学校"。日伪政权改为"模范小学"。抗战胜利后更名为"城厢镇中心国民学校"。解放后改名为"城厢镇中心小学"。1961年定为"城厢镇小学"。2004年7月27日更名为"观澜小学"。

1991年，学校评为"中国名校"。2003年3月评为上海市"花园学校"。校园内还有"观澜亭""留晖廊""奋飞石"等景致。

文照堂

1925年，蔡路人赵增涛，捐资在今观澜小学校园南侧的城墙下，建造一幢西式建筑，因四周均为玻璃门窗，俗称"玻璃房"，建筑面积450平方米,创办川沙县第一所幼稚园,命名为"涛园"。又因赵增涛字文照,黄炎培便亲笔题写"文照堂"的匾额。文照堂的四周簇拥花草树木,风景迷人。

传承文脉,保护乡愁,现为"观澜小学校史陈列室"。

1991年,观澜小学在"涛园"旧址塑黄炎培半身像,碑座后有黄炎培的手迹:"理必求真,事必求是,言必有信,行必踏实。"黄炎培兴教,赵文照助学,其名永载观澜小学的史册。

校园里至今还保留了两棵名贵的"金树"(全国现仅有4棵,北京颐和园、嘉定各有一棵)。

廿五纪念堂

民国十七年(1928年),为纪念学校改制25周年,学子们一起集资,在"文照堂"西侧50米处建西式平瓦房一幢,一统四间砖木结构。建筑面积280平方米。平房西侧建高10余米的教堂式瞭望楼阁一座。民国十九年(1930年)竣工。

为纪念学校改制风风雨雨25年,弘扬新学,特将这幢当时颇为时尚新颖的建筑命名为"廿五纪念堂"。

后来,廿五纪念堂曾用作礼堂,开办幼稚园、校办厂。2000年整修后作学校多功能教室。

新生园

1925年邑人赵增涛,慷慨捐资在今观澜小学操场南侧和城墙内侧建"新生园"。园内有亭台、楼阁、笔塔、拱桥、荷花池等。

当时,师生们对"新生园"的理解为:每年"新生生新生生新",体现了黄炎培先生奋进求索、与时俱进的思想。

后来改建为学校体育场。

川沙名胜·观澜书院

校门口

观澜校园

川沙名胜·观澜书院

校园内"奋飞石"

校史陈列室门前的黄炎培塑像

文照堂

川沙名胜·观澜书院

校园内"观澜亭"

六灶古镇

古镇

在川六公路、周祝公路的交汇处，有个六灶集镇（现川沙新镇六灶社区），在宋、元时期为盐场，集镇形成于明代。境内地势平坦，属冲积平原。古时候，六灶曾是产盐区。"六灶"的地名跟盐业有关。来源于古时的盐灶，"灶"是古代盐场的基层单位，各灶之间由南向北依次排列，六灶地区排名第六，故名"六灶"。

日月流光。今天，六灶镇周围还留有许多与当时盐业有关的地名。如七灶、焙灶、五灶港、六灶港、七灶港、八灶港等。六灶镇城河、港、浜多，颇有江南水乡特色。在六灶港傍河临街的向学街是六灶老街，老街上还有保存完好的200多米长的清代和民国、清代建筑的民区街。

六灶的镇名还来源于"鹿沼""鹿溪"。相传北宋末年，长江水滔滔，夹带大量泥沙冲积逐渐成陆。这时，有人就在六灶地区的一条小溪旁饲养鹿、训鹿，还挖了沼池。所以，这里的早期地名有"鹿沼""鹿溪"之称。

后来，由于居住在"鹿沼"的人家就地取材，不要花费多少成本，把海滩围成一块块地，晒盐、靠晒盐、卖盐养家活口，盐业兴旺。盐业生产的"盐灶"与"鹿沼"又巧合，排列第六，称为"六灶"，和"鹿沼"是谐音。从此，大家称"鹿灶"为"六灶"了。在《傅家家族谱》第一卷中也曾记载着"六灶"源于"鹿沼"。至于"鹿溪"的地名，一直沿用到现在，比如鹿溪村、鹿溪电灌站等。

改革开放以来，六灶新筑了许多道路。为了传承"鹿沼"的历史文化，以"鹿"命名道路不少，有鹿溪路、鹿吉路、鹿弘路、鹿达路、鹿顺路、鹿滨路、鹿古路、鹿川路等……还有溪鹿村。

1970年初，距六灶老街北100余米处修建周祝公路后，六灶镇商业开始向周祝公路两旁转移，老街店铺日益稀少。迟至今日，店铺几近无存，纯粹演变为居民聚居的弄巷。街上的百年老屋大部分经过改造，满眼是水泥瓷砖、铝合金门窗。仅剩的几处老屋更加显得低矮甚至摇摇欲坠。唯有镇西关帝庙继续点燃着数百年的香火，绵延着六灶镇的古风古意，尤其是城隍庙内的古戏台成为今日六灶古镇最长情的记忆，最发人忧思、遐想的舞台！2016年，六灶古镇被市政府列为"历史风貌保护区"。

城隍庙和六灶古戏台

城隍庙位于六灶镇西市，南临六灶港，建造于清康熙初年。100多年过去，到了嘉庆年间，庙屋败落。道光初年，由当地人申锡璜、申锦华父子发起募捐，加以重建。庙房建筑一埭三间，两头各有附属房屋，东西两厢为楼房。庙殿有匾，上书"灵应公"。两旁对联一副，上联"将爱子心肠事父母便为孝顺"，下联"以化费银钱济贫困即是阴功"。天井中建戏台一座，称为"照檐台"。戏台坐南朝北，南临六灶港。台面高1.85米，宽4.8米，进深4米，面积 19.2 平方米。戏台沿口上书"您来了吗",颇具今日流行语语境。戏台飞檐翘角,飞檐下斗拱工艺讲究,别具一格。相传"灵应公"叫顾坤,死后被封为城隍。每逢农历三月十二日是城隍生日。解放前,庙内香火甚旺。各地戏班来到六灶,一般都会登台演出。

解放后,城隍庙成为五金厂厂房,庙屋遭受损坏,今天庙房仅剩两间。2009 年,南汇区划入浦东新区后,第二年古戏台列为浦东新区区级文物保护单位。

2017 年 1 月 25 日,浦东新区将六灶城隍庙列为"文物保护点"。

古石桥

六灶依着天然充沛的水资源,经过一代又一代六灶人的打理,形成了镇在水中,水在镇中,水连水,街河并行的水乡特色,河上架的古石桥多,结构、造型各不相同,很壮观。现存古石桥很多,我们介绍其中几座,它们在 2017 年 1 月 25 日都被列为浦东新区文物保护点。

长春桥 俗称申家石桥。位于六灶港北岸的东西向石桥。明代顾良方建造。清乾隆年间,由申宁如、申秀亭等重修,现尚完好,很壮观。桥长 42.6 米,桥宽 1.7 米,高 2.4 米,其中桥的净跨度 7 米,东西桥石条坡各 4.2 米,青砖砌的桥坡各 13.6 米。

永安桥 又名邱家桥。位于民义村 10 组,建于清代,1929 年由范祥生、邱文德募捐重修。

三多桥 位于民义村 14 组。

五福桥 位于民义村 14 组。

善堂桥 位于陈桥村 16 组。桥长 11.9 米、宽 1.4 米、高 2 米。建于清光绪三十三年(1907 年)。现完好。

松鹤桥 位于新生村 6 组。

聚滋桥 位于六灶路319弄2号。

其他还有太平桥、忠善桥、众福桥、进香桥、长胜桥等。改革开放以来，先后拆除的古石桥有联微桥、双喜桥、庆丰桥、永丰桥、重庆桥、望云桥。这些桥现均改建成水泥桥。

六灶水乡

水乡六灶

川沙名胜·六灶古镇

六灶关帝庙

六灶古戏台遗址

川沙名胜·六灶古镇

六灶古桥

六灶老街

六灶古桥局部

张闻天故居

张闻天故居位于川南奉公路与闻居路口，距离川沙镇约9.5公里，为砖木结构的"一正两厢房"江南民居。1900年8月30日，张闻天出生于此。

1980年代，故居因地势低洼，年久失修，损坏严重。1985年，上海市人民政府（1985）82号文批复："同意将张闻天同志故居列为上海市文物保护单位"。同年12月5日，上海市文物保护管理委员会发出通知："故居现状不得有任何改变。并暂时划定故居周围30米为保护范围。在此范围内不得进行其他工程。原有建筑维持现状，不得随意拆改，应保持现有环境风貌"。此后，上海市文物保护管理委员会、川沙县化局、施湾乡政府多次派人察看故居，会商保护故居措施。

1986年6月，川沙县志办公室和川沙县文化局委派朱鸿伯、王乐德等四人赶赴北京拜访张闻天夫人刘英同志。向她汇报张闻天故居保护情况，并提出故居的书额议题。后刘英写信请陈云同志为张闻天故居书额。同年9月，由陈云书写的"张闻天故居"

墨迹（复印件）寄至川沙县志办公室。

1989年2月，上海市文物管理委员会拨款维修。3月1日，故居修缮工程正式动工。同年6月30日竣工。修缮工程采用"落架顶升"、填高地基的方法，保持原貌不走样，并铺设下水道，增设篱笆墙，修建通道和一些附属设施。修复后的故居占地面积686平方米，建筑面积495平方米，共有房屋13间，投资35万元。

1989年8月30日，川沙县委、县政府在故居召开纪念张闻天诞辰89周年座谈会。1990年又投资28.7万元，增建附属用房和开辟"张闻天革命史迹陈列室"。共青团川沙县委敬立张闻天半身塑像一座。

张闻天革命史迹陈列室，共分9部分，展品有《小说月报》《庐山会议发言》和张闻天使用过的砚台、书籍、书架等史料，共计图片253幅、实物260件。

1992年，故居正式对外开放。2002年6月25日，国务院公布张闻天故居为全国重点文物保护单位。2003年1月被上海市政府命名为"上海市爱国主义教育基地"。

故居由竹篱笆墙围护，大门口上方挂着由陈云书写的"张闻天故居"匾额。门内青砖铺地，粉墙黛瓦。门外菜园生机盎然，花木扶疏。屋后流水微波，垂柳数枝，诚为典型的江南农家院落风光。

2008年8月，在故居西侧建成张闻天生平陈列馆，建筑面积1400平方米，展出面积980平方米。陈列馆分为诞生求学、投身新文化运动、踏上革命道路、在总书记岗位上、在六届六中全会后、去东北开拓、外事工作岁月、逆境中求索、狂澜中升华、追思与遗产十大部分，展出的300多幅图照，生动形象地展示了张闻天波澜壮阔的一生。

1925年，张闻天远离故地，献身中国革命，直至1976年在无锡去世。其间,只有在1958年4月12日和1962年6月1日,假南方调查工作之际偕夫人刘英回家探亲两次。1962年6月1日,张闻天来到故居后的水桥头,孤身伫立,怅望良久!

张闻天故居前景

张闻天故居内景

川沙名胜·张闻天故居

陈云同志书写的匾额

张闻天的名字出自《诗经》:"鹤鸣于九皋,声闻于天"

川沙人民大会堂

　　川沙人民大会堂位于新川路268号,1958年10月动工,1959年12月竣工。是一幢坐西朝东、红平瓦、红砖清水墙的建筑,墙高15米,宽25米,长35米,占地面积2000多平方米,建筑面积1375平方米,底楼875平方米,二楼500平方米,西、南、北建有围墙。建成之后,历届川沙县人民代表大会、县政协会议、县干部大会、县工代会、县团代会、县妇代会等重大会议都在这里隆重召开,成为川沙县政治活动中心。也成为川沙干部群众向往的地方。

　　1949年5月23日,川沙人民迎来了解放。从此,县委、县政府每年春耕生产、"三夏"、"双抢"、"三秋"时,召开干部大会、"二级干部会议"(县、乡或公社、镇)、"三级干部会议"(县、乡或公社、镇、或大队、或村)、农村工作会议等,都是借用川沙中学、五三中学、城厢小学等召开(开会期间学校放假),出席会议的干部在教室里铺上稻草,自带草席、棉被、碗筷等,教室就是会场、宿舍、饭厅,通过有线广播,转播会议实况，条件十分艰苦。后来，川沙中学建造了大草棚，又作为大会会场。而饭厅较小，大家站着用餐也容纳不下这么多人，往往影响了会议效果和与会者的生活。

鉴于这种艰苦状况，县委、县政府根据当时经济社会有所发展，财政收入逐年增长的实际情况，决定筹建"川沙人民大会堂"，这也是川沙人民盼望的实事工程。

为此，县政府成立了"川沙人民大会堂筹建领导小组"，县计划委员会制订规划、立项，县财政安排资金，县土地局落实地块，拆除"东狱庙"、西泥弄，县建设局安排县建筑设计室设计图纸、县建筑安装公司拆"小普陀寺庙"（砖、木等材料用于大会堂）和西泥弄旁的大草棚。

负责筹建工作的是时任县政协副主席沈敬之，他对地方情况熟悉，有较强的组织、发动、协调社会各界能力。他积极组织力量，调动社会各方面积极因素，同心协力，全力以赴，紧锣密鼓地有序推进筹建工作。沈敬之先生还发挥联系面广的优势，满腔热情地发动工商界人士和中国民主建国会会员为建造川沙人民大会堂捐款6万多元人民币，并致函黄炎培先生为"人民大会堂"题字。在大会堂前还辟有250多平方米的小广场，现为"麒麟苑"。

经精心谋划，精心施工，颇为壮观的"人民大会堂"屹立在城厢镇中心，成为川沙人民政治文化活动的中心。

1961年，川沙人民大会堂被批准为"川沙电影院"。平时由川沙县电影管理站安排放映电影，使用上海牌35毫米放映机。1978年8月起使用松花江5501放映机。有时还有川沙沪剧团、川沙越剧团等演出传统剧目和群众文艺会演，极大地丰富了川沙人民的政治、文化生活。

在很长一段时间里，人民大会堂（川沙电影院）成为许多青年

"谈恋爱"的地方。青年们说:"看一场电影,确定终身"……川沙人民大会堂(川沙电影院)成为他们谈恋爱的必选之地,使成双成对的鸳鸯终成眷属。

"文革"时期,人民大会堂也经常用来召开"批判会"。

1985年,川沙镇上又建造了"川沙影剧院"。川沙人民大会堂的功能逐渐衰退,四周的围墙"破墙开店",大会堂里也开设了网吧、游戏机房等。从此,人民大会堂渐渐淡出人们的视野。但这幢建筑"黄金时代"的历史始终印记在人民心中。

人民大会堂外景

川沙名胜·川沙人民大会堂

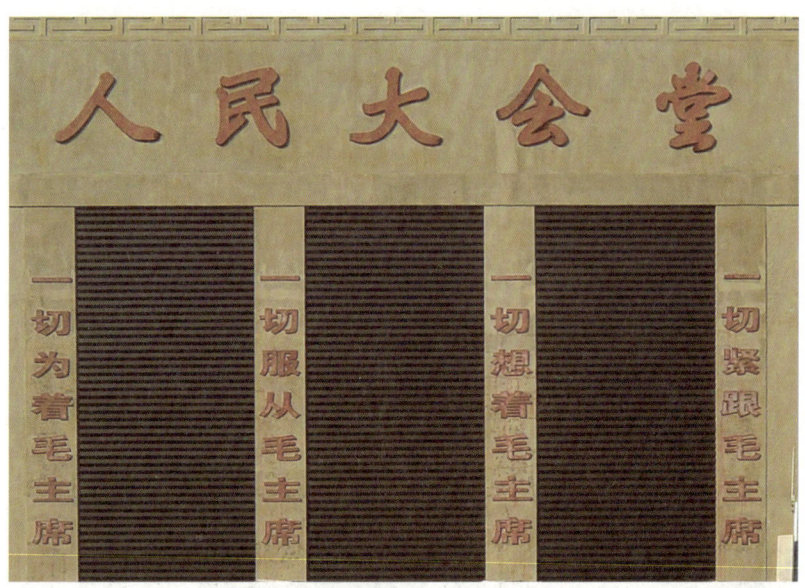

人民大会堂前外立面

人民大会堂前的麒麟苑

铁沙商城

1990年4月18日，浦东开发开放。当时川沙县上下一心呼应浦东开发开放，并且成立了川沙县浦东开发办公室。

川沙县供销商业总公司（后更名为上海浦东供销商业总公司）更是一马当先，积极参与浦东开发开放。总投资8亿元，规划实施由十四个现代化综合性多功能的宾馆、商厦（城）、办公楼等商业建筑设施组成的"明珠系列工程"，以此提升浦东商业设施的现代化程度。"明珠系列工程"项目分布于川沙、金桥、洋泾、外高桥、北蔡等地区，主要项目有位于川沙镇的川沙大厦、铁沙商城和明珠商厦，位于浦东大道与杨浦大桥出入口的银珠商厦，位于金桥的金珠商厦等。

其中位于川沙镇东北、华夏东路（时为川北公路）与上川公路处的铁沙商城是仅次于川沙大厦（锦丽华商厦、锦丽华宾馆）的"明珠系列工程"中的第二个大项目。

1991年7月，铁沙商城动工建设。经过一年多时间，1992年12月26日，一期工程建成营业。是日，举行隆重的铁沙商城开业典礼，上海市副市长庄晓天和陈国栋、胡立教等市老领导，以及川沙县委、县政府领导出席了开业典礼。嗣后又经过将近一年的建设，于1993年11月，铁沙商城全面竣工运营。

同年，东方明珠系列工程中又有4个项目竣工并投入使用。(1)地处浦东大道、杨浦大桥南引桥处的银珠商厦。(2)地处川沙镇中心地段新川路上的川沙大厦。(3)地处金桥镇，投资1200万元，建筑面积8000平方米的金珠商厦。(4)地处龚路镇，投资400万元，建筑面积3500平方米的泰珠商厦。

铁沙商城占地面积3公顷，总投资9488万元，总建筑面积3.5万平方米。整体建筑仿明清建筑风格，飞檐翘角，流金溢彩，既有亭台楼阁，又有画栋回廊。内部格局按不同功能分为主楼、购物街、风味小吃街、庭院小景和服务设施五大部分。曾被誉为浦东的"城隍庙"，一度成为1990年代中期浦东地区主要的商业旅游之地。

1997年3月，铁沙商城转让给上海浦东华夏文化旅游区开发

公司。尔后浦东华夏文化旅游区开发公司出资1亿元，整体规划改造铁沙商城，将其建成以餐饮、住宿、旅游、休闲等为主要业态的商业城。经改造后，铁沙商城改名为华夏旅游城，成为浦东最大的旅游点和娱乐场所，并于1997年10月1日开业。

2003年，华夏旅游城转让于浦东商场股份有限公司（简称浦东商场）。浦东商场出资2亿元，重新规划设计改造（建造）华夏旅游城，并将其易名金汇商业广场。

金汇商业广场开业后，带动了川沙地区整个商圈业态的升级，除引进卜蜂莲花大型超市、连锁酒店、国美电器、屈臣氏和肯德基等外，浦东商场还自主经营面积约1.5万平方米、高5层的百货大楼（浦东商场金汇店），主要经营黄金首饰、鞋类、化妆品，以及服饰类商品。

2017年春，浦东商场金汇店底层，接连开出"星巴克"和"早安巴黎"两家品牌店，成为川沙镇居民又一处休闲新场所。

铁沙商城全景

铁沙商城局部

铁沙商城改造为金汇广场后开业

川沙大厦

　　川沙大厦,当地人往往习惯称它"锦丽华",现在又改名"锦力华",不管怎样,在川沙人的心目中,是一个不可或缺的地标性建筑。

　　川沙大厦,因为外观、外貌、外形太多的人都熟悉,我们不想多介绍,只想多说一些日渐被人们忘记的建造过程。

　　1990年4月,党中央、国务院宣布浦东开发开放,处于浦东腹地的川沙陷入飞跃前的沉思:作为当时县级政府所在地,经济文化中心,怎样适应开发大潮?每年进出川沙城的客商以万计算,然而因为没有一幢像样的宾馆,许多外商只得赶回市区住宿。1990年10月,在无数次的惋惜感慨之余,当时的川沙县党政领导终于形成共识:建造24层川沙大厦,改善投资环境,为浦东开发服务。

　　1990年12月28日,在呼啸的北风中,当时的县委书记韩坤林为大厦开工剪彩,一位副县长亲自督阵,在整个建造过程中,他多次召集计划、财政、公安、消防、防疫、土地、水电、物资等部门的领导会议，反复强调一路开绿灯，不准有黄灯，更不允许有红灯。担任主要施工的是川沙自己的子弟兵——川沙306工程公司。

1990年，建造百米高楼，困难很多，有许多事在现在看来可能是小菜一碟，但在当年绝对是很大很严重的挑战。

大厦所在地是热闹地段，四周不是大楼，就是公路，建造地下室和地下商场时，周围挖土不可能有空余地方而成阶梯形，只能是最大限度的笔直的90度。为防止周围泥土塌方，大厦施工时采用了搅拌桩新工艺：打桩机在四周打洞后用水泥浇筑，形成一个水泥框架墙；在即将进行大厦浇底时，由于四周压力涌向中间，底部泥土不断隆起，多则40厘米，少则10厘米，今天挖平，明天又长出。306工程公司打破常规，进行底面抽条加固，按一定的间距挖上一条深20厘米的土槽，用石子水泥浇固后，再把余下的地方抽条浇筑，终于制止了底面隆起；在地下室浇筑中又碰到难题。由于地下室高6米，从6米高处把混凝土倒下去，沙石容易分离，造成底部水泥多，上面石子多的不均匀现象，影响质量。工程指挥部经过反复试验，采用流动性好的商品混凝土，并加强捣鼓人手。振动机总长只有6米，12名职工每人一台，几乎是提着马达连续施工48小时，完成了2000立方米的地下室混凝土浇筑任务。

川沙大厦的建筑速度是惊人的，创纪录的！

项目从立项到动工只有两个月，这在当时市郊建筑史上还未有过；229根32米长的水泥桩在两个月内全部打入地下；地下室14000土方挖土只用了10天时间；2600平方的地下商场地基浇筑到封顶只用了两个月，比当时全市的同类工程缩短了一半时间；大厦的标准层以10天一层的速度向上生长，屡次超额完成施工计划……

它用的建筑材料，光水泥、石子、黄沙就达72000吨，若按一米见方的立体堆积，可以从市中心到川沙一个来回还要多。

川沙大厦的总面积26000平方米，宾馆达到了国际三星标准，有标准客房，也有高级套房。此外它还有商场、商务中心、会议室、棋牌中心等设施，具有酒店、歌舞厅、观光旅游等融为一体的综合功能。

1993年初建成使用的川沙大厦，以97.80米的凌空之势高高耸立在川沙新镇的中心，成为当时的市郊第一楼。它大大改善川沙乃至浦东的投资环境，有力地推动浦东建设的进程。同时由于质量优秀，还被评为上海市建筑业的最高奖——白玉兰奖。

全国人大常委会副委员长彭冲听到川沙这一工程的建设，十分高兴，欣然题写了"川沙大厦"四个大字，镶嵌在大楼最高处，至今已经整整25年了。

全国人大副委员长彭冲为川沙大厦题字

川沙名胜·川沙大厦

川沙大厦外景

白玉兰奖杯

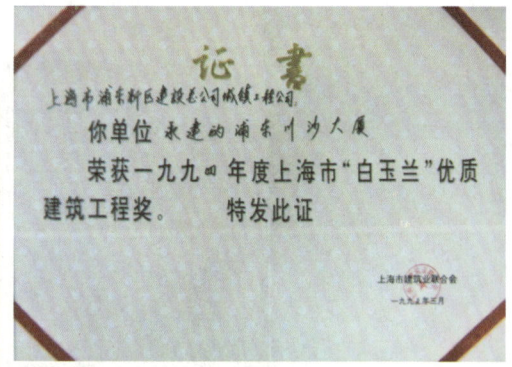

川沙大厦获得白玉兰奖证书

川沙营造馆

2014年10月22日，由浦东新区川沙建筑工程公司出资筹办，位于新川路与北市街交汇处、川沙人民大会堂对面的川沙营造馆，正式对外开放。

川沙营造馆展室设于1930年建造的丁家花园内。丁家花园为二层中西合璧、坐北朝南带有院落的典型石库门民居。1950年川沙县人民政府办公室曾设址于此。后来又做过川沙县劳动局、川沙县环境保护办公室等机构的办公用房。

众所周知，川沙建筑业有着悠久而辉煌的历史。1880年，29岁的杨斯盛创办起上海第一家现代意义上的建筑企业——杨瑞泰营造厂，成为中国建筑业由传统走向现代的标志。

1888年，川沙城旁种德寺内成立集合水作、锯木、石工、雕花、桶作、板箱、小木、铅皮等行业的"八业公所"。"八业公所"订立行规，每逢端午、中秋两节，会员赴种德寺奉祀祖师爷鲁班，并交流业务行情。

1891年，杨斯盛承建江海北关总署大楼，闯出了一条中国传统建筑艺术与西方现代建筑技术巧妙结合、优势互补的道路，在沪上树立起了由川沙人执掌的"海派建筑"旗帜。

紧随杨斯盛的步伐，19世纪末、20世纪初，一批由川沙建筑工匠领衔掌舵的营造厂在上海滩诞生，相继在外滩、南京路、延安路等重要地段承建了中国银行、先施公司、永安公司新楼（七重天）、杨树浦发电厂、汇中饭店（和平饭店南楼）、哈同花园、英国领事馆、垦业银行大楼、和平电影院、杨树浦煤气厂、上海特别市政府大楼、华东医院等为代表的一大批地标性建筑，为上海建设成为远东现代大都市做出了贡献。

先辈的丰功伟业需要褒扬传承，川沙营造馆的建成开放为川沙历史文化名镇增添了一笔浓重的底色。

整个营造馆分成"一把泥刀走天下——川沙营造业溯源"、"一代宗师——近代上海营造业领袖——杨斯盛"、"筑造远东大都市——上海名建筑与营造企业家"三大部分，以实物（营造工具）、文字、图片、视频的展示方式，比较系统、全面介绍了川沙建筑业的形成、发展与成就。重点介绍了川沙建筑家们在上海滩所建造的优秀作品及其聪明才智。在展室的公共空间，有机地布置着砖雕、木雕等景观小品，从而使参观者身临其境，加深印象，有所启迪。

其实对于先人的敬重，我们历来有着优良的传统。1947年12月，上海南市硝皮弄鲁班殿内，举行上海建筑界恭奉先师入殿仪式。在近代上海建筑史上四位举足轻重人物的牌位，被恭恭敬敬地安置于大殿，与先师鲁班共享人间香火。他们是杨斯盛、顾兰洲、（杨、顾为川沙人）张效良、江裕生。

1990年代中期出版的《上海建筑施工志》人物篇中，收录川沙籍建筑人物杨斯盛、顾兰洲、陶桂松、王松云、周瑞庭、赵增涛、朱月亭、谢秉衡等22人，占整个人物篇人物数的28%。

2016年，《浦东记忆》图片卷重点介绍川沙"三刀（泥刀、剪刀、菜刀）一针"，特别是一把泥刀（建筑业）的成就，并刊发《忆江南·十咏浦东》，其三咏浦东云："熬波也，创业代传中，赞一针花边绣艺，夸三刀沪上称雄，能不忆杨公（杨斯盛）"。

川沙营造馆前身是丁家花园

川沙营造馆正厅

川沙营造馆环廊

川沙营造馆正厅内景

川沙营造馆正厅内景

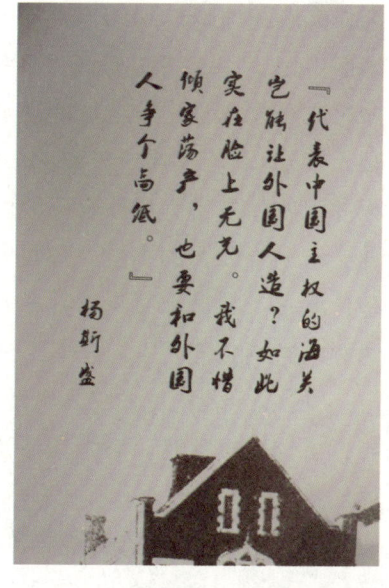

川沙营造巨擘杨斯盛的手迹

川沙文庙

文庙，又名孔庙。坐落在川沙中学内。

1916年，川沙北门的陆炳麟与川沙孔教会吴大本、艾曾恪等筹建文庙。1920年择定城西隅、前清守备署（军队）基田6.15亩作文庙的地基，1926年秋开建。翌年春，因时局关系，仅及筑墙而中止。1928年冬成立文庙工程委员会，续建文庙。第二年奉命将文庙改称为孔子庙。1931年夏竣工。历时十余年，集款一万多元始成。计有房屋十三间，内楼房二栋、平房三栋、木板房一栋、天井二方。主楼为中西合璧的两层楼房，楼下中间为正殿，内设孔子与七十二贤的神位。东西墙壁上镶有许多珍贵的碑文。楼上备作藏书。楼楣上高悬"孔子庙"三字的匾额。右侧有与孔庙同时建成的中山纪念林，占地二亩，松柏青翠，绿树成荫。

川沙文庙是时尚的中西合璧的建筑，与传统的各地文庙建筑有异，可谓风格独特。它是川沙营造商的杰作，体现了那个年代的时代特征。

川沙文庙诞生了今天有名的川沙中学。

川沙旧城厢方四华里,居民五千余户。抗战前原无中学设置。学生小学毕业后,升学须去南汇、上海,家境贫寒者大多因此而辍学。

1941年2月,珍珠港事件爆发,上海形势日见险恶,学生来往途中多有阻难。时在沪执教的蔡经纬于浦江摆渡时,船上偶与同乡的王金魁、王文魁兄弟,谈起此事,意欲在川沙建一所中学,造福乡邻,使家乡弟子能就近读书。1942年春,由王公义南货店经理王金魁、王公兴南货店经理王秉彝、丁永泰棉布店经理丁云石(丁家花园主人)、晋源衣庄经理王尚卿、华兴祥经理朱有德等组成校董事会,在孔庙开创川沙的第一所中学——私立友仁初级中学。学校的创立因得到城镇一些商界人士的资助,故称作"友仁"。

蔡经纬(1897-1980),字钧培,川沙蔡路人,1923年毕业于暨南学校商科。在校期间正值"五四"时期新思想勃兴之时,先生受其影响,以为推行科学与民主,端在教育。

1943年秋,原设于川沙城隍庙的"私立川光小学"也增设了一个初中班。1944年春,该校初中班并入"友仁",并改校名为"铁沙中学",由蔡经纬、朱友福轮流担任校长。

1946年,铁沙中学与中山中学合并,改为公办"川沙县立初级中学",蔡经纬任校务主任。1949年5月,川沙解放,学校新生,蔡经纬改就总务职,兼授英语,继续为学校建设发展尽力。1954年,先生当选川沙县第一届人民大会代表。

1951年学校更名为川沙县中学,成为全县第一所完全中学。1978年开始,学校先后建成科学楼、育秀楼、电化大楼、体育馆等。1993年,学校更名为川沙中学,是浦东新区的一所重点高级中学。七十多年来,学校已为国家培养了近4万名有用之才。

川沙中学校名几经变更，校园面积扩大好几倍。学校占地32503平方米，建筑面积27000平方米。校园布局合理，格调高雅，环境优美，有小桥流水、亭台连廊、名贵树木。但红瓦楼宇的文庙依然屹立在校园中。它曾经是学校的行政楼、图书馆。楼下的正厅在解放后辟为"文化走廊"。如今楼上是校史陈列馆。

文庙是川沙中学的诞生地，它见证了学校从无到有、从小到大的变迁。

文庙走廊

川沙名胜·川沙文庙

文庙一角

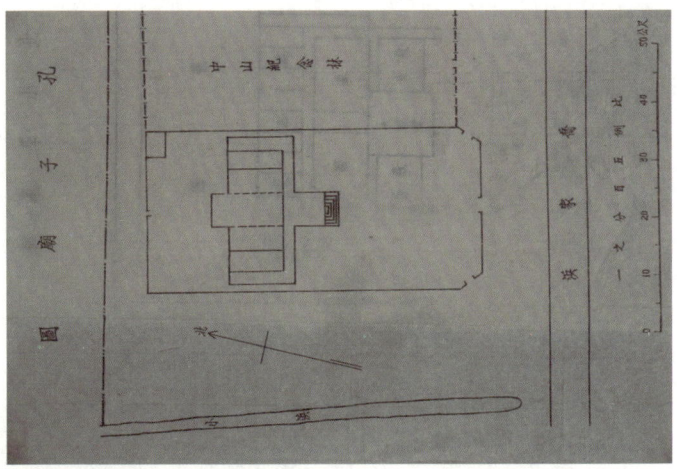

1936年出版的《川沙县志》中的孔子庙图

川沙孔子庙石碑

陆家楼群

在川沙北门的护城河畔,有一大排楼房,青砖灰瓦,鳞次栉比,很有气派,当地百姓称其为陆家楼房。陆家楼房实际是个楼群,共有四幢独立的二层楼房组成,自东向西分别名为崇德堂、三德堂、以道堂、以德堂。

陆家,自陆清泽始已传至五代,子孙繁衍,事业兴旺,为川沙城内名门望族。陆清泽为人精明,早年经商,能忍艰辛。中年后从事地方社会事业。享年六十有七,生陆应梅、陆问梅两子。陆家楼房就是这兄弟俩的故事了。

陆问梅(1881-1953),系陆清泽次子,字文信。他是陆家楼房群的主要建造者,也是三德堂和崇德堂的主人。陆问梅承父业,在川沙开设经营恒和顺号为基业,和叔叔一起开设张恒茂于十六铺。以恒记为号,组成茂字几家联号,享有盛誉。1921年参与投资上川铁路公司。历任川沙商会会长,公司董事长,总经理等职。他热心社会公益、教育事业,为当地乡绅、工商界带头人和各项慈善事业的负责人和发起人。陆问梅孙子陆继光,上海建筑科学研究院副院长，教授级高级工程师；孙女陆继珍，上海中山医院肝肿瘤专家，复旦大学教授，研究生导师。

陆问梅积累巨万资本后在上海川沙购买大量田地和房产，建造了登第堂、思九堂、三德堂、崇德堂等多幢大住宅。按照建造时间，三德堂最早，位于川沙北城壕路64号。它是在被拆毁的川沙古城墙地基上盖房，于1929年春建成，属于江南传统建筑风格。坐北朝南，二进二层，清水砖墙，结构布局精致，建造装饰都用上好材料。崇德堂，西邻三德堂，是陆问梅为其爱女所建，1937年竣工。因换来的地基较紧凑，崇德堂总体略为缩小。乃是上海地区石库门一厅二厢，前阳台、后亭子间的传统格局。

三德堂、崇德堂解放后成为军产。前几年两堂联为一体，开设了酒家，总面积约900平方米。原汁原味的古建筑，加上内部古色古香的装修，它成为川沙地区的高档酒店，生意十分兴隆。现在，酒店更名为"陆家花苑"，以彰显陆家楼房历史。

崇德堂、三德堂以西就是以道堂、以德堂，它们建于1935年前后。两堂在陆问梅资助下，由其嫂宋氏，继承丈夫陆应梅遗愿，为两个儿子所造。两幢房子均为江南传统建筑式样，好似"孪生兄弟"，都是三上三下两层楼宅，配东西厢房，中间有天井，建筑面积各650平方米。该房砖木结构，清水砖墙，做工精良。两堂以陆应梅两个儿子的名字命名：以道堂房主陆以道，以德堂房主陆以德（容庵）。

特别令人唏嘘的是，崇德堂、以道堂、以德堂等房屋，原主人基本没有享用，建成不久抗日战争就爆发，房屋即被日军占用，抗战胜利后为国民党军队征用。解放后为解放军驻军部队征用。以道堂后为浦东新区人民医院使用。

值得一提的是以德堂主人陆容庵（1903—1985），字以德，毕业于上海沪江大学及持志大学。民国十八年到二十六年,任川沙县立观澜小学校校长。其间,学校宣传抗日救国、抵御外侮,组织"毋忘国耻,拯救中华"为中心的教学活动。民国二十三年创办浦东惠民纱厂及川沙纺织厂。民国三十五年11月,当选为全国国民大会代表。曾任川沙县立中学校长。1949年去台湾。1977年后,任台北浦东同乡会理事长,并连任第八届至第14届理事长,直到1985年7月14日病故。陆容庵育一子三女。其子陆曾亮,中共地下党员,没有随父赴台,留在大陆,为矿务高级工程师。

陆家楼群中的以道堂和以德堂

川沙名胜·陆家楼群

陆家楼群中的崇德堂

陆家楼群门口

川沙名胜・陆家楼群

陆家楼群内景

崇德堂、三德堂连为一体，现开了酒家

陶氏精舍

"陶氏精舍"是陶桂松的住宅，位于川沙镇操场街48号，建于1930年，占地面积约1800平方米，建筑面积约1200平方米，砖木混合结构。四周筑有2米多高的花格围墙。门楼上雕塑精湛的凤凰、荷花翘角，把"瑞凤逸昊"四个字映衬得格外雄浑紫气，增添了厚重的古雅气势。石门框旁缀满了翠竹……

"陶氏精舍"整个建筑分为主楼和副楼。主楼坐北朝南，一进院落，两层楼房。主建筑东侧2米开外有面西向二层楼房一幢。主、副建筑间采用悬空天桥相连。主建筑上下两层共有厅房18间，并建有地下室和自成一体的供水系统。副楼上下二层，共有厅房6间。宅院平面呈"回"字形，五开间，中间入口筑石库门式，两侧对称挑出两座六角形阳台，用爱奥尼克柱支承。清水灰砖外墙，灰瓦人字屋面。厢房平顶辟露台。院内有走马楼梯。正厅落地长窗，磨石子地坪，平拱窗、梁、坊、檩木构架上均有精美的吉祥风物雕刻，上乘的柚木地板。陶桂松宅院建筑十分精致，是中西建筑艺术合璧的杰作，被亲朋好友和同仁称为"陶氏精舍"。

当年，陶桂松宅院前种有金桂、银桂，金秋时节金灿灿银闪闪，香溢街坊；宅院后和门楼旁种有五针松、马尾松、西洋松，一年四季葱翠碧绿，生气盎然，寓意"桂松勃发"。

陶桂松（1879-1956），川沙蔡路小营房人。年轻时从事木工圆作。1920年，在他41岁时在上海创办陶桂记营造厂，办事处设于靠近外滩的河南路上的中汇大厦内。

陶桂松一生担任过上海营造业同业公会理事、陶桂记营造厂总经理、大元冶坊董事长兼总经理、上川交通股份有限公司常务理事等职。陶桂松创办的营造厂先后承建的永安公司新大楼、中国银行大楼、龙华飞机场、美琪电影院、沪光大戏院、迦陵大楼、康绥公寓、巨福公寓等大型精品建筑，是陶桂松工匠精神的结晶，虽经百余年风风雨雨，仍屹立在黄浦江畔。

陶桂松崇尚质量至上的理念，他有句口头禅："精工细作，不赶速度。"为了造好房，建好房，他多次到欧洲学习取经，将世界一流的建筑理念带回中国，要在中国建造世界一流的房子。回国后，他雷厉风行召集员工开会，提出对"产品"的修改意见，大到整体的设计结构，小到一颗螺丝铆钉。一年365天，他基本上天天在建筑工地第一线。他最大的兴趣就是，像打磨艺术品一样造房子。在他眼里，永远没有最好，只有更好。精益求精就是为了追求极致。他风趣又富有哲理地说："房子是给人住的，不是给人看的，是百年大计！"所以，陶桂松营造厂在上海滩声名鹊起，深得国内外人士的信赖。

陶桂松热心社会慈善事业，为家乡架桥铺路。他先后招用和带动邻里乡亲数十人从事营造，共享事业发展成果。

事业发达的陶桂松在家乡建造了这座宅邸，为我们留下了宝贵的建筑文化遗产。2002年1月14日，陶宅被列为区级文物保护单位。2010年，浦东新区文保所出资，对陶宅进行了保护性修缮。2016年1月被列为上海市历史风貌保护建筑。

颇具气派的陶氏精舍

川沙名胜·陶氏精舍

陶氏精舍外貌

陶氏精舍内景

连宏生民宅

在川沙古镇城东连家宅67号,有一座典型的三合院,它就是"中华老字号"上海连长记体育用品商店"创始人连宏生(1889–1945)的宅院。

这座民宅是1919年竣工的,占地面积1320平方米,建筑面积388平方米。粉墙黛瓦的院子,被称为连宏生宅院。

房屋周围是一畦畦农田,一声声蛙鸣,一缕缕稻香。

走进3.6米高的墙门,是一幢七路五开间砖木结构瓦房,高5米。东西两侧各有厢房2间,55平方米的院子里栽满了月季花和枇杷树。客堂和东西厅地面铺方砖,东西房地面铺木地板,上侧建有阁楼。东西厢房各砌五眼灶一副,绘有传统的彩色灶花。二进深是幢七路四开间瓦房。83平方米的院子栽了柿子树等,满园葱翠。

前后两幢正屋的客堂屋脊上雕塑了栩栩如生的"八仙过海"图像,东西厅的屋脊上雕塑了"福禄寿"图像,屋脊两头凤尾翘角很有气派。房屋四周的窗都是"两重窗"(内玻璃窗,外有木护窗)。宅院周围筑有2.6米高的黑篱笆围墙。

连宏生建造这宅院时策划周全,四周修筑了地下水道和明沟,还配置一台"洋龙"作为消防设备，以防万一。墙门外南侧河畔筑有12块花岗石块铺就的"L"型水桥，方便四邻享用。

1958年"大跃进""大炼钢铁"时，二进的七路四开间房屋、木村、家具和铁窗栅、门拉手等被人拆去"大炼钢铁"。

1966年，"文革"时一进房屋的几间房间被人占用。

2009年9月，连宏生的女儿连金文等竭尽多年的积累，把斑驳已久的七路五开间和厢房的400多平方米老宅院进行了保护性修缮。看到修复后的老宅倍感亲切，愈加怀念先父，进而萌生了一个心愿：把居住的老宅创办成"连宏生文化体育用品博物馆"。经过积极有序的收集、整理、挖掘，博物馆正式纳客开放。连金文认为这是缅怀父辈的最好形式，后人可以从中获得更多的教益，传承历史文脉。

现在的连宏生民宅，不仅展现了江南宅院的风貌建筑，还展示了连宏生开创上海文化体育用品发展先河的历史，陈列了琳琅满目的文化体育用品和上海连长记体育用品商店编印的各种《球类规则》《使用说明》《技术常识》小册子等，大门口还悬挂了"连宏生文化体育用品博物馆"的匾额，使这座古建筑增添了浓厚的体育文化内涵！

2015年8月17日，上海市人民政府"沪府[2015]57号"文件，将连宏生民宅列为上海市第五批优秀历史建筑，予以保护。

中华连氏之根源于山西上党县。2017年2月27日，中华文化促进会连氏宗族联谊会暨上海分会成立大会在连家宅院隆重召开，来自全国各地（含港、台同胞）200多人光临，大家参观了"连宏生文化体育用品博物馆"。一些学者参观后，感慨地说："连宏生民宅不仅是保护完好的百年建筑，更有一种历史发酵的体育文化的芬芳……"

川沙名胜·连宏生民宅

连宏生住宅外墙

连宏生住宅

连宏生文化体育用品博物馆门口

博物馆收集的珍贵展品

陶家宅

在川沙镇王桥路 1003 号，坐北朝南有一幢江南民宅——陶家宅。在青草翠树的簇拥下，陶家宅向人们倾诉着岁月的沧桑。

陶家宅是清末儒商陶长青的故宅，始建于清光绪三十四年（1908 年）。解放后曾先后被川沙毛巾三厂、跃进中学、黎申五金塑料制品厂、星光日用化学品厂作为厂址或校址。2004 年，中邦置业集团对陶家宅进行了全面修缮，并加以保护利用，宅内设有中邦美术馆、养生馆。2012 年 1 月 14 日，陶家宅被列为浦东新区文物保护单位，入围联合国科教组织的亚太地区老建筑保护奖。

从建筑主体看，陶家宅是一座完整的江南乡村四合院民宅建筑，占地面积 4040 多平方米，建筑面积为 2312 平方米，陶家宅的布局为轴线式四进院落，砖木结构，粉墙黛瓦。步入陶家宅，典型的江南院落层层展开，宅院由屋顶、墙身、台基（大方脚）三部分组合而成，其造型达到了功能、结构、艺术的完美。屏风墙和正冷脊曲线生趣，微微向上反曲的屋檐，屋顶转角处的起翘，展示一种稳定、舒展、飘逸的气势。

陶家宅的木雕、砖雕、石雕、门雕、窗雕等雕刻可谓精工细作。清水滴瓦上的砖雕细腻别致，以各种自然物象表达吉祥之意，给人以轻巧活泼的印象。屋内梁枋、门窗格扇均有木雕，或人马，或行事，或花草，有上朝、祝寿、送子等一出出戏文，民间故事题材丰富，民俗文化意味浓郁。

陶家宅是海派建筑文化的典范，体现了变革实用，兼收并蓄的建筑特点，即立足本土建筑文化，又吸收了诸多外来优秀建筑文化。

陶家宅庭院前栽有两棵百年广玉兰和两棵百年紫藤，后院栽有两棵百年桂花树，均被浦东新区列为古树名木加以保护。四周的花草、绿树把江南民宅陶家宅映衬得生机勃勃，是川沙新镇颇受市民欢迎的景观之一。

青草翠树簇拥下的陶家宅

川沙名胜·陶家宅

川沙名胜·陶家宅

完整的四合院民宅建筑

舒展飘逸的屋檐起翘

陶家宅内室一角

曹氏民宅

曹氏民宅位于川沙镇南约4公里的地方，沿川沙路一直向南，过了长界浜桥后右转向西，沿着一条水泥小道，前行150余米即是。

2003年，曹氏民宅被登记为浦东新区不可移动文物。

曹氏民宅地属牌楼村四队东曹家宅。今天除了曹氏民宅，整个东曹家宅已经被全部征用动迁，成为一家工业园区的一部分。

曹氏民宅建于1930年代初，距今已有80多年历史。80多年前，曹福生与曹兰叔侄俩联合出资约1.7万元（银元）建造了这座占地1504平方米的徽式大宅院。整个建筑坐北面南，颇具规模，加上构造精致，历时一年才建成。曹氏民宅一俟建成，就成为闻名于方圆数十里的"庹（大）人家"。春秋两季，景致优美：白墙黛瓦，赤橙黄蓝，竹林婆娑，小桥流水人家。

位于长界浜畔南面的曹氏民宅，北距长界浜30余米，其间是一片茂盛的竹林。整个建筑主屋7间、面积259平方米，两旁东、西厢房各2间、面积116.8平方米，中间过弄2间、面积28.6平方米。最为独特的是后客堂两侧各有一个天井、面积96.9平方米。天井里面种植天竺、广玉兰、桂、桃、橘等花卉和果木。

主房和厢房前建设有环通的、宽1.6米的走廊，面积64平方米。走廊可供夏天纳凉，冬日晒太阳，雨天更可以方便地往来于各房间之间。正屋后面有8间杂用间，面积137.7平方米，用来存放柴草、耕作农具、杂物以及饲养鸡鸭、牛羊等禽畜。屋前青砖铺地，面积89平方米。竹园西北角有砖砌驳岸套湾，里面可以停泊小船。另外，一座12个台阶水桥，专供家人淘米、洗菜、汰衣裳和提取生活用水。

曹氏民宅建造时用料和工艺都十分讲究。梁木以杉木为主，直径在25至30厘米之间，门窗、椽子以洋松为主。椽子从屋顶至屋檐为一根连体（一般房屋为三根连接），门框、窗框均采用硬木（铁木料）制作。客堂宽畅，门槛长7.5米，上安装木门10扇。每扇门分成上下两部分。下部为雕花门板，上部安装玻璃，从而使客堂达到通透和采光明亮的效果。客堂又分为前后客房。前客堂名之"锡庆堂"，堂匾用独幅银杏木制作。前客堂与后客堂之间采用10扇回堂门隔离。客堂地坪用50厘米见方的方砖铺就，铺设工艺非常考究。先磨光方砖砖面，铺设时砖与砖之间缝隙用油灰镶嵌。后客堂上顶屋面用混凝土浇铸，十分坚固，地上铺设进口马赛克。

曹氏民宅院子（天井）颇具特色，四周建有环廊。廊柱为水泥柱，高2.8米，共计12根。水泥柱的应用，打破了中国建筑采用木柱的传统，能更好地起到抵御风雨侵蚀的作用。

曹氏民宅呈徽派风格。整个建筑四周由20多厘米厚的外墙包裹。外墙上部用石灰粉刷，下部踢脚则用水泥粉刷。外墙门窗用杉木制作。木门厚4厘米，门框选用硬木，十分牢固。南大门门框一反民居建筑用材传统，使用宽20厘米、厚17厘米的花岗岩制作。横匾"文昭世胄"刻于南大门上方，并由精美的砖雕图案与之相呼应,彰显出整个建筑不同凡响的气派。

"文化大革命中",曹氏民宅颇具特色的屋脊、腰脊及女儿墙两头装饰的各种造型和雕刻的花卉图案,以及飞檐翘角,在所谓的破"四旧"声中几乎破坏殆尽。今日,虽然有所修复,但艺术造型和价值已经不可同日而语。

曹氏民宅南大门

川沙名胜·曹氏民宅

曹氏民宅

曹氏民宅正门上方雕刻

吴家老宅

吴家老宅,又名唐家楼,(百姓习惯叫"唐行")。坐落在川沙新镇大洪村吴家宅19号。建筑面积580平方米,占地面积1000多平方米。吴家老宅为凌氏族人凌梦周所建。解放后被政府收归。

西半宅由当时的生产大队买入,东半宅分给几户志愿军家属、贫困户居住。东半宅住户为改善居住条件,曾对老宅进行拆建重建。

2007年,为了保护历史建筑,川沙新镇有关部门结合自然村改造,对西半宅部分的队资产进行收购,对东半宅私人居住房屋实施动迁,并参照西半宅的房屋结构、式样重新修复。

吴家老宅坐北朝南,大门上的砖雕福、禄、寿,双龙戏珠的砖雕,栩栩如生,十分精巧,厅堂前的天井两侧建有内外厢房4幢各2间,还配有东西小天井。屋脊砌有徽式防火墙头、墙马、屏风墙,雉蝶围绕很气派。厅房、厢房、厨房、会客室像字、句、词,次第铺展分布。每间房的花格玻璃落地门窗,可以观赏自然美景。厅堂里摆设讲究,古画、古椅、古灯笼等十分精致,古韵飘逸,别有气派。宅内的帐房、卫生间、彩色五眼灶等设施一应俱全。

下雨天，可走弯弯绕绕的马廊沿廊，很是宜居。

宅院后植树一片，宅前有砖铺的开阔场地，南面辟有小花园，置有紫藤棚架、六角亭、方亭、多姿多态的太湖石等，花圃在广玉兰、石榴、银杏、桂花、茶花、五针松、黄杨等绿树花草的点缀下苍翠、优雅，成为村民们聚会、休闲、健身的好去处。

在吴家宅院我们看到的是川沙新镇对景观、游憩、文脉传承，环境保护的重视、倾心。

吴家宅天井

川沙名胜·吴家老宅

吴家宅外观

吴家宅内景

川沙名胜·吴家老宅

吴家宅客堂

厨房也美轮美奂

大洪村饶氏宅

大洪村饶氏宅坐落在川沙新镇大洪村饶家宅11号。

这是一幢坐北朝南中西式建筑风格融合的民宅，宅主饶厚弟，从小在上海从事营造业，这幢宅院是他民国三十年（1941年）的作品。

宅院大门的石柱、石门框上沿有吉祥瑞庆的双龙图像，把"万业慕韵"砖雕四字烘托生辉。正屋是幢二层楼房，楼前东西各建有3间厢房，错落有致，堂前是方方正正的天井，更显舒适。整幢宅院采用中西建筑文化融合的风格，颇有特色。四周的落地花格门窗精雕细琢，客堂前后横梁上雕有精巧的双龙图案，色彩艳丽，古色古香，莹润如玉，可谓是业主的神作。整幢建筑的设计、结构、建筑工艺小巧玲珑，各式各样的砖雕、木雕、泥雕细腻入微，彰显了川沙建筑之乡的工匠精神和智慧，巧夺天工的宅院好似我们川沙新镇的"雕花楼"！

饶氏宅用砖、木、玻璃巧妙地叠砌得富丽堂皇，建筑面积520多平方米。在四周的绿树映衬下，更添乡愁……

大洪村饶氏宅现保存完好。宅门旁的墙上悬挂着"浦东新区文物保护点，大洪村饶氏宅，2017年1月25日立"的铭牌。房产由饶厚弟的两个儿子继承。

保存完好的饶家宅

川沙名胜·大洪村饶氏宅

平添几分乡愁的饶家宅

别具一格的房顶

饶家宅现状

真武台与连城别墅

　　真武台原系道观,位于川沙城西北隅,奉祀道教真武大帝。始建于明嘉靖年间,至今已有400多年历史。

　　真武台前后三进,楼阁宏敞,为川沙一方胜地。史载曾有张东海、李笠翁等名人雅士流寓于此,有张侗初题额,所藏名人书画颇多。清康熙二十二年(1683年),川沙里人重建。历经百年风雨侵袭,正殿、头门俱倾废,只存后殿直逼川沙城墙。道光十二年(1832年),真武台东南隅又遭风雨之倾。翌年由川沙营参将张成龙发起,邑人沈炯捐资重建真武台。咸丰十一年(1861年)十二月,太平军攻克川沙城,真武台大殿毁于战火。

　　真武台主持为谛香师太,她为人敦厚,四乡弟子甚众。传其原为清一状元夫人,后皈依佛门,入龙泉寺为十一房尼。关于真武台与谛香,黄炎培主纂之《川沙县志》云:"清光绪二十六年,郑郭织云女士,邀余姚龙泉寺尼成鳌及其徒谛香来住,旋发起募建瓦屋两间。三十年,添建正殿,中供原真武像外,虔供佛像,宣扬佛教。民国六年,由谛香募建西次间。九年建东次间"。

真武台还与潮音庵住持宝昂师太（1917—2002）有一段因缘。宝昂浙江余姚人。6岁家乡水灾肆虐，被母送城东龙泉寺作小尼。第二年，川沙真武台谛香师太去龙泉寺上香，见其心生爱怜，收留入真武台，法号宝昂。师太天资聪颖，刻苦勤奋，经卷多能背诵如流。1935年师太18岁，谛香师太携其赴天台山国清寺受戒习修49天。受戒后的宝昂返回真武台。谛香师太72岁圆寂，年长宝昂五旬。1940年7月，宝昂到曹路镇潮音庵任住持。

1933年，川沙建筑巨子赵文照（增涛）集资万余元，在真武台西首空地，建筑钢骨水泥楼房三栋，初名"华严精舍"，后黄炎培题名为"连城别墅"。连城别墅系中西合璧的建筑楼宇，外型美观，布置清雅，占地3亩余，不仅是春秋佳日邑中人士游憩与集会的所在，也是川沙县佛教协会所在地。1935年起，《川沙县志》编纂人员先后4次在连城别墅，讨论编撰事宜。最后一次是在1936年1月，黄炎培在此留宿3日，写就《川沙县志·导言》一文，并与张志鹤等研究《川沙县志》编纂的定稿事宜。

1937年日本帝国主义侵占上海时，庵堂遭日军炮火轰击，东厢房被日军炮弹击中，墙壁炸一巨洞，窗墙毁损严重。抗战爆发，民生凋敝，佛事清淡。真武台内老小十余位师太除早夜两堂功课外，以结手套、做网花维持生计。

解放前，真武台住持是了听师太。1954年，川沙县召开第一届佛教徒代表大会，了听师太被选为首届佛教协会会长。1978年，川沙县佛教协会第二届代表会议举行，出生真武台的潮音庵住持宝昂师太，担任川沙县佛教协会会长。1986年浦东新区佛教协会成立，宝昂师太当选为浦东新区佛教协会会长。

真武台存世400余年，而连城别墅仅80多年。真武台与连城别墅两个名字，叙述着同一地方的人文故事。

川沙名胜·真武台与连城别墅

连城别墅侧面

连城别墅窗檐

连城别墅保护铭牌

连城别墅风采依稀可见

中山纪念堂

　　川沙镇新川路279弄41号,有一幢坐西向东的房楼建筑,1930年川沙人民为纪念民主革命先驱孙中山先生在这里建造了"中山纪念堂"。

　　中山纪念堂是一幢中西合璧的典型民国建筑,清水红砖墙、红平瓦。正厅和后厅南北各二间,建筑面积约500平方米。正厅上悬挂着中山先生题写的"天下为公"白底黑字匾额和孙中山先生遗像。堂前矗立着"中山纪念堂"碑文,碑文之魁如约如梦,令世间多少人观瞻,为之流连忘返……

　　中山纪念堂是一座知名度极高的优秀历史建筑,承载了中国历史文脉,彰显了孙中山先生的民主革命精神。

　　解放后,"中山纪念堂"先后被用作川沙招待所、川沙县粮食局。1963年10月用作川沙县少年之家、川沙县上山下乡办公室。1985年用作川沙县青少年科技站,现为浦东红领巾博物馆、陈伯吹作品展。建筑保存完好。

中山公园

民国十九年（1930年），川沙人民为纪念民主革命先驱孙中山先生，在中山纪念堂前辟建"中山公园"（含"中山纪念堂"占地八亩）。公园西建有精致的"中山纪念堂"和"中山公园"相伴。

公园里栽有龙柏、雪松、香樟、黄杨、枇杷等集江南园林文化精粹一应俱全。靠纪念堂旁还建有草亭青溪，紫藤攀架。园中的美人蕉之美，美在颜色，花红叶绿；美人蕉之好，好在盛气不凌人。满园绿树碧翠，花香浓郁，成为川沙城里的新景观。

解放后，绿意盎然的中山公园除保留中山纪念堂前近百平方米的院子外，靠北侧建造了"川沙粮库"，南侧部分的地面铺上青砖，作为粮库的晒场。20世纪70年代初，粮库迁至对面街，中山公园旧址上建造了一幢幢市建新村和新川路的临街商铺等。

中山中学

民国三十二年（1943年），朱慰椿（著名革命烈士林钧的胞兄）应城厢镇达昌米行店主康志民邀请，在中山纪念堂创办私立"中山中学"。由朱慰椿任校长兼执教数学，他以严谨治学的态度，丰富的教学经验和勤奋的工作精神赢得了师生们爱戴。

1945年秋，抗战胜利，朱慰椿应召去苏州女蚕校任教。中山中学于翌年春与铁沙中学合并为川沙县立初级中学。

中山中学立校两年，初创时仅设高中部。1944年秋增设初中部，初、高中均为二年学制，无寒暑假。前后毕业的高中生三个班，有31人；初中一届一班未毕业即并入川沙县立初级中学。中山中学高中毕业生中有多人经深造成为卓越人才。

川沙名胜·中山纪念堂

中山纪念堂内景

中山纪念堂长廊

川沙名胜·中山纪念堂

红领巾博物馆

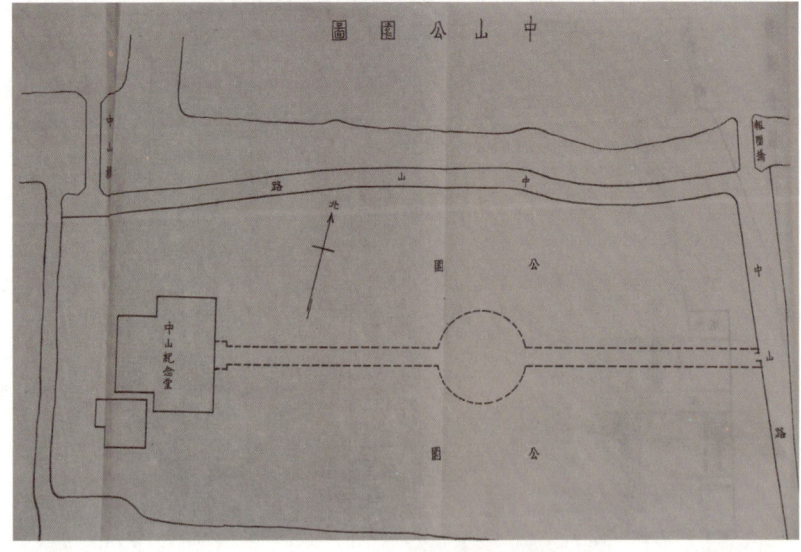

1936年出版的《川沙县志》中的中山公园图

黄家楼下

在川沙古镇西南约 5 公里处,有个地名"黄家楼下",即现在的黄楼集镇(黄楼社区)。它东与界龙、新春村接壤,南与迪士尼乐园毗邻,西与张江镇新丰村为界,北抵栏杆村。素有川沙西南小粮仓之称。印刷工业产品也颇具特色。

相传明洪武年间,世居无锡的华太行,因遭兵灾迁到横沔老镇东侧的杜浦亭定居,生息繁衍。明末清初,已拥有百万家财的华氏后代,就在虹桥港北侧买田建造一座华氏宅院。在建房挖墙基时掘到坟墓一座,这在当时视为不祥之兆。为驱除"邪气",当时定名"楼下",意为人在楼上,鬼在楼下,自此名谓"华家楼下"。华家建造的宅院颇为气派,雕梁画栋,有厅、堂、楼、东西厢房、楼阁,还有花园、天井……建筑工艺精良,气势非凡。堂名为"凤梧堂"(至今尚有遗址)。据 2013 年统计,黄楼镇上有华姓市民 283 人。

俗话说"富不过三代"。至清康熙年间,华家八个儿子,当地人称"华八房"。"华八房"的子孙赌博成性,越陷越深,一发不可收,没几年工夫,债台高筑,负债累累。从此,华氏家业逐渐败落,无奈之下,竟靠变卖家产度日。乾隆年间,家住高行镇的黄云师(号守愚,生于康熙五十二年,例授儒林郎,加布政使理问衔),他仅花了华家建造宅院十分之一的白银购买了华家的全部家业,并改名为"黄家楼下"。

黄云师买下华家的家产后,又扩建东楼、西楼、东西院阁厅等13个厅堂楼阁,占地约4万平方米,构成远近闻名的宏伟建筑群。楼下南依虹桥港,东西北三面环水为护宅园沟,也叫"黄家园沟"。沟沿石驳岸建石街水桥。马鞍马式水桥历经数百年,至今仍屹立黄楼镇西。街面两端分设置一栅口,栅口内外设五坊(染坊、水作坊、竹坊、磨坊、槽坊)、典当、粮店等,各种工场,作坊及店铺,商贸繁荣,形成了集镇。在栅口两侧各设点心店一家。凡路过栅口的男女老幼叫"黄家楼下"的,黄家均免费供应大肉面一碗,方圆十几里地百姓纷纷闻讯赶来,只要叫一声"黄家楼下"既可进镇,又吃面,何乐而不为。从此,人们改口把"华家楼下"叫"黄家楼下",简称"黄楼",也称"楼下"。黄楼之名,沿用至今。

解放后,"凤梧堂"的大厅曾长期作为黄楼公社大礼堂使用。"黄家楼下"宅院曾被太平天国的太平军焚毁。这一区域现为川沙新镇黄楼社区辖区。

杜浦庙和杜浦亭

杜浦庙、杜浦亭分别坐落在黄楼镇西约1公里的虹桥港浜南、浜北。杜浦之名始见于北宋郏亶的"水利书"。据光绪《南汇县志》载"杜浦庙在横沔东,明人华太行建,隔河银杏一棵,大七八围,传为宋元时所植。"并记华太行在元末明初避兵祸来云间于庙旁建杜浦亭,杜浦庙屋今存。墓地未曾挖掘。公交车站以"杜浦亭"命名。

风梧堂依稀当年风采

杜浦庙旧址的银杏树

杜浦亭成了一个地名

马鞍马式水桥

石桥雕饰

朱家店抗日之战纪念碑

在南六公路 1140 号（五灶港桥旁）有座高耸的"朱家店抗日之战纪念碑"，金色的大字在阳光照耀下闪闪发光。

瞻仰"朱家店抗日之战纪念碑"，从碑文的字里行间，飘荡着抗日的硝烟，闪烁着民族热血。20 世纪 30 年代，日寇入侵中华，大片国土被占，淞沪相继沦陷。富饶的浦东大地，惨遭日军铁蹄践踏。为救国于危亡，解民于倒悬，中国共产党率领民众开展敌后游击战。

1944 年 8 月 21 日，日军龟田中队下乡为虐，新四军浙东游击纵队浦东支队支队长朱亚民率部设伏于朱家店，一举消灭日军 34 人，敌酋饮泣，民众欢颜。

朱亚民在《我与浦东抗日游击队》一书中，对这场伏击战有如下详尽的记载：这次下来清剿的鬼子共 47 名。下午一点多钟，日本鬼子大摇大摆地穿过朱家店小镇，往南经过五灶港桥后进入伏击圈。当敌人全部进入伏击圈后，我举枪命令开火。顷刻，正面和侧面伏击的机枪、步枪齐发,地雷也"轰轰轰"连续爆炸。顿时子弹呼啸,枪声震耳,硝烟弥漫。敌人不知所措,乱作一团。当游击队发起冲锋时,不可一世的鬼子落荒而逃,负隅顽抗的被战士当场用枪打死或刺刀戳死。

由于路西和路南是池塘,鬼子要么往回溃走,要么绕过池塘往西逃走。剩余鬼子只能争相绕道向西逃窜。由于圈子绕得大了些,机枪封锁石桥时已有七八个鬼子逃过了石桥。没有过桥的鬼子沿五灶港桥南岸,过小河直往朱家店以西的猛将堂逃逸。敌人过河时,

被埋伏在港北的战士或用枪击毙,或被手榴弹炸死。

打扫战场时,发现两个鬼子赤膊躲在棉田里。战士们上前和鬼子拼刺刀。没几个回合,就刺死了那两个鬼子。一个躲藏在池塘芦苇丛中的鬼子向战士毛林生打冷枪。毛林生不幸中弹牺牲。战士们举枪怒发,把鬼子打死在池塘里。

此次伏击战,从打响到结束不过一小时光景,共歼灭日军34名、汉奸1名,缴获掷弹筒1门、机枪2挺、九九式步枪10多支,其他枪支20多支,子弹400多发。还有望远镜、军用包等军用物资。

朱家店抗日之战纪念碑

日军中队长龟田被当场击毙。

这是一次十分成功的战斗，1972年中国人民解放军总参谋部军训部与军事科学院战史部编写《步兵营战例选编》时，将此战选为"进攻部分"第一个战例，题为《淞沪支队第一中队朱家店伏击战斗》，供全军学习。

1986年5月，有关部门为纪念英勇善战的新四军，在伏击战原址辟地1140平方米，修建了纪念碑。朱亚民亲自题写了碑文"朱家店抗日之战纪念碑"。现在，"朱家店抗日之战纪念碑"已列为浦东新区革命传统教育和爱国主义教育基地。2017年1月被列为浦东新区文物保护单位。

在葱茏的松柏映衬下，高耸的纪念碑指向青天，碑基上的花岗石浮雕再现了抗日战士奋勇杀敌的生动场景。纪念碑昭示后人继承革命传统，弘扬铁军精神！

早期纪念碑

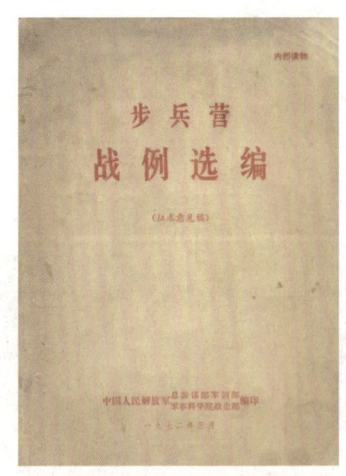

步兵营战例选编

川沙烈士陵园

　　川沙烈士陵园位于川沙城北、华夏东路2575号，1956年建成，当时陵园占地16.5亩。园中耸立革命烈士永垂不朽纪念碑，安葬着革命烈士360多人（今379人），其中有在1927年大革命时期牺牲的上海工人运动领袖、川沙蔡路人杨培生，川沙地区著名共产党人王剑三；有在抗日战争中牺牲的、曾任上海第三次武装起义成功后成立的上海市临时政府秘书长的川沙早期共产党组织领导人林钧，有在上海解放前夕牺牲的黄炎培次子、著名民主人士黄竞武。另外安葬着为解放浦东川沙地区而牺牲的343位人民解放军指战员，以及在建设社会主义时期牺牲的革命烈士。

2000年和2010年，川沙烈士陵园先后进行过两次改建，增设了烈士纪念馆、以"浩气长存"为主题的烈士广场和烈士名录墙，从而成为一座开放式、公园式的革命烈士陵园。整座陵园青松翠柏环绕，小桥、亭台、流水点缀，环境幽雅而气氛庄严肃穆。

从正对着华夏东路的川沙烈士陵园南大门进入，是一条通往烈士广场的大道。大道两侧各为栽种着青松翠柏的疏林草地，其间各有一座雕塑。东侧林地内雕塑以中国人民解放第20军56师173团8连副长、江苏兴化人黄荣祥为原型。1949年5月23日，在解放洋泾地区的战斗中，为了减少战士的伤亡，他一跃而起，用身体堵住敌人地堡的枪眼而壮烈牺牲。

西侧林地内雕塑以中国人民解放军第31军93师277团侦察通信连战士陈秀全为原型。1949年5月18日，在解放高行地区的战斗中他身负重伤，仍然用双手拉起被炸断的通信线路，保证了指挥部与前线的通信联络畅通，最后光荣地献出了自己宝贵的生命。

穿过林地，便是气势宏伟的烈士广场。广场北端矗立着高7米、宽8.8米、上刻"浩气长存"四个金色遒劲大字的巨型花岗岩雕塑。上面相嵌着重3吨，用铜铸就的黑色的烈士群像浮雕。在花岗岩的白与群像黑色的反衬下，烘托出整个广场庄严肃穆的气氛。雕塑顶端向上伸展着形似"川"字的火焰，寓为川沙具有光荣的革命传统和革命先烈坚贞不屈、浩气长存，在烈火中永生的精神！

位于广场北端的西侧是一字横向排列、坐北朝南的烈士座像。由东向西依次为黄竞武、王剑三、杨培生、林钧和新四军女战士川沙王港人顾燕。

在整个广场西边，由南至北矗立着一面巨大的墙体——浦东新区烈士名录墙。墙上镌刻着523位烈士的姓名（2001年为止已含整个浦东新区烈士）。烈士名录墙南端书写着顾作霖烈士于1932年任共青团苏区中央局书记时给共青团员的题词："休损害宝贵的身体，莫辜负不再的韶光，伟大的事业正需要你年青力壮。"烈士名录墙北端，书写着1940年时任中共金华县县委书记的吴上进的一段话："我们的生活是愉快的，我们和工作是乐观的。我们要笑着参加抗战，我们要笑声飞扬的去团结群众，我们要大笑特笑的争取抗战最后胜利。我们要含笑的立志成仁于沙场上。"

在烈士名录墙南边便是川沙烈士纪念馆。纪念馆分为上下二层，面积200平方米，采用倒叙手法，运用现代科技影像技术，生动形象地展示了各个时期革命烈士的事迹和风采。

川沙烈士陵园南大门

川沙名胜·川沙烈士陵园

川沙烈士纪念馆

川沙名胜・川沙烈士陵园

烈士广场

烈士名录墙

川沙烈士陵园雕塑

川沙烈士陵园雕塑

川沙公园

　　川沙公园坐落于集镇中心，由通城河分隔为东西两园，总面积八十余亩。西园 1985 年投资 151 万元建成开放。1991 年又投资 1700 万元开辟东园游乐场，增建鹤鸣楼、园外楼、仿古墙等景点。

　　西园是一座江南古典式园林，占地面积 50 多亩，其中绿化面积 40 亩，各类树木花卉共 32 科、60 种、8700 多株。城南路公园入口处，门楼挑梁翘角，具有清代建筑风格。门外置石狮一对，憨态可掬。上海市原副市长宋日昌题写"川沙公园"园名。

　　西园内亭台水榭建筑简洁，布置得宜。有五大景区。

　　一、清波湖景区。中心为人工湖，占地 6 亩，碧波荡漾，乘船漫游，别有情趣。岸柳成行，婆娑起舞。盛夏在"芙蓉拾趣"观览风荷，赏心悦目。湖上架桥有"牡丹""环碧""集贤""流莺"等名，曲折通"四景亭"。亭半立湖中，半依岸边，亭顶系绿色琉璃瓦制成，熠熠发光。"流莺"桥作拱形，犹如彩虹，在此极目远眺，东挹芳梅，南通曲沼，西迎秀竹，北枕平湖，令人心旷神怡。雕塑鲤鱼跃出水面，甩鳍喷水，激起层层涟漪。

二、鹤鸣楼景区。鹤鸣楼高 54 米，楼层为明五暗七仿古建筑。既有古楼之雄姿，又别具新楼之异趣。拾级登临，极目远望，浦滨群楼林立，江海波浪连天。

三、两古轩景区。"观澜""苍桑"轩古色古香，精雕细琢。以墙垣分隔两轩，独立成院。"苍桑"采用邑人黄炎培诗作《苍桑集》之名。"苍桑"之语出自《易经》，意为中华民族充满活力。轩庭陈设各种盆景，造型妙趣横生。

四、竹林景区。主要景点有"引凤"竹亭，"千个"石桥。竹林青翠欲滴，饶有田园风味。曲径通幽，富有诗情画意。

五、通城河景区。主要景点有三孔拱形"双谊桥"，河岸"曲波长廊"，蜿蜒连绵，廊框缀有多种动物、花卉装饰，高树遮盖，凉风拂面，为避暑纳凉胜地。

东园为儿童游艺园。主要有爬山车、碰碰车、高架车、旋转木马、鲨鱼礁、漂流船等等。每当节假日，孩童欢呼雀跃蜂拥而入，欢声笑语不绝于耳。

公园于 2007 年 9 月综合改造，2008 年 3 月竣工。公园景中有景，园中有园，东动西静，动静相宜。繁花掩映亭台，小桥流水环绕，鹤鸣高楼耸立，是观光旅游的上佳去处。檐角飞翘的亭阁里民间艺人丝竹袅袅，轻歌曼舞于红花绿叶丛，更有欢快喧闹的"广场舞"，是市民休闲憩息的良好场所。

川沙公园记

川沙公园为一座江南古典式园林，1985 年建成开放。1991 年又辟东园游乐场，增建鹤鸣楼、园外楼、仿古城墙等景点，总面积 80 余亩。

全园首景鹤鸣楼，高54米，既有古楼之雄姿，别具新楼之异趣。八十擎柱，顶七层高塔；四边翘角，六十金钟，金色琉璃脊面，五彩画栋回廊。上悬名人匾额，下砌玉石平台，拾级登临，举目望远，浦滨群楼盖地，江海波浪连天。

　　园中围绕清波湖，楼台相畔，亭阁相间，花团锦簇，松柏常青。芳洲景亭耸立，白漾水榭迎风。面如扇亭，芙蓉拾趣。环碧栏前观鱼跃，流莺桥下驾轻舟，春晓亭中闻鸟语，狮子山下听泉声。西南翠竹成林，绿茵一片。千个桥头，引风亭吟诗奏曲；绿漪池畔，龙泉室煮酒烹茶。偏好观澜园内，盆景集天地自然灵气；苍桑厅前，庭院有江南典雅遗风。走过双谊桥，步入东园，飞船游艇，激浪涌进，空中地上，尽情欢乐。

　　川沙公园，园中有园，景中有景，楼外有楼，是上海浦东观光旅游的良好处所。

　　（1993年制，朱鸿伯撰并书）

宋日昌题写的"川沙公园"名

川沙名胜·川沙公园

川沙名胜·川沙公园

川沙公园内景

川沙名胜·川沙公园

川沙公园门口石狮

川沙公园内景

鹤鸣楼

20世纪90年代第一春,浦东开发犹如一夜春风,百花齐放,香飘万里,祥鸟嬉戏,鸣声如乐。

翌年夏天,川沙城内护城河畔,工匠云集,运砖送瓦,不亦悦乎。短短两年间,一座高楼拔地耸立。细观楼制,五塔七层,高54米许,总面积4200平方米。上用琉璃盖顶,下垒玉石平台。画栋回廊,竖八十立柱。柱之巨,须两人合围。飞檐翘角,共计六十。一檐垂一钟,偶尔来风,六十金钟叮当生音。低唱浅吟,都为雅曲,幽幽之情于心,抑扬顿挫悦耳。驻足仰视,宏伟壮丽,气势非凡。赵朴初题额的鹤鸣楼三字悬于楼之正南顶层,兼有东、南、西、北四匾:东曰海天旭日,西曰江东妙境,南曰声闻于天,北曰钟灵毓秀,分别出自陈从周、谢稚柳、朱屺瞻、周慧珺等当代名家之手。

楼成之时,浦东文史专家顾炳权撰《鹤鸣楼记》,并勒碑置于鹤鸣楼底层大厅内。《鹤鸣楼记》曰:……川沙建筑业驰名中外,楼之设计、施工，及臻于成，皆我川沙人之智力。其形制规模，与武昌黄鹤楼相仿，而楼东连接石桥，隔岸有仿古城墙，巍巍然一独特之建筑也。……。

凭栏遐思鹤鸣楼，蕴意有四也。一是楼之规模仿于武昌黄鹤楼。二是史书记载，浦东在古代属滨海人烟稀少之地，鹤由人工圈养，胎生、丹顶、绿足、龟纹是仙种。南汇县下沙（今属浦东新区之地，原称鹤沙），闵行区（原上海县）杜行（今属浦江镇）的鹤坡里、鹤坡庙，传为三国时期吴国陆逊、晋陆机、陆云放鹤处，故产鹤之地，应有鹤鸣之楼。三是《诗经》有"鹤鸣于九皋、声闻于天"句。皋，为近水之高地。今鹤鸣于黄浦江东，映衬浦东开发开放，名闻天下。四是川沙建城400余载，与时俱进名人辈出，黄炎培、宋庆龄一代伟人名扬中华，建楼之日是川沙即将析入浦东之时，是为见证。

夏初清晨，拾级鹤鸣楼。至巅远望，霞光万丈，气象缤纷，一轮红日从东海喷薄欲出。环视周遭，川杨河横亘东西，连接江海。浦东运河纵贯南北，船笛长鸣。川沙城内高楼参差，护城河水环流。俯瞰楼下，湖中荷叶摇曳如举，数枝花蕾，含苞待艳。梅桃、万竹两岭对峙，松涛竹海起伏翻飞，如涛似云，气势澎湃。环碧、集贤、流莺诸桥衔接曲径，通往幽处。流连片刻，思绪飞扬逾千年。唐朝诗人崔颢诗云："昔人已乘黄鹤去，此地空余黄鹤楼。黄鹤一去不复返，白云千载空悠悠……。日暮乡关何处是，烟波江上使人愁。"传说某日，李白登斯楼欲赋诗，抬头见崔颢题诗而作罢，只留下"眼前有景道不得，崔颢题诗在上头"的叹喟。一个流传了千百年的美丽传说，引出了一个或可爱、或大胆、或浪漫的追问："黄鹤振翅，飞向何处？"

"驾御开发开放的万里长风，展翅翱翔临浦东，羽化而成鹤鸣楼"，一个更可爱，更大胆，更浪漫的回答一定会在登楼者心底涌出！

鹤鸣楼位于城南路南侧、川沙公园之内，1991年7月动工兴建，1993年6月竣工开放。

鹤鸣楼记

川沙公园建园五年，乃有增筑鹤鸣楼之举。随浦东之开发，川沙需躇事增华者，日维千端。是楼之建盖其一也。川沙有城，始于明嘉靖卅六年。民国元年，改厅为县。其初为海防冲要，而斥卤之地经济未见发达。洎上海开埠，亦未能与浦西比翼双飞。乡先辈黄炎培有言：川沙滨海，天时地利，人工物力，种种优势，不后于人。迨至新中国建立之四十年，全县上下、群策群力，以至遽然跻身全国壮县之列。值此盛年，川沙将省入新区，重展宏猷；而此楼之建，为其历史之见证也。川沙建筑业驰名中外，楼之设计、施工，及臻于成，皆我川沙人之智力。其形制规模，与武昌黄鹤楼相仿，而楼东连接石桥，隔岸有仿古城墙，巍巍然一独特之建筑也。楼高五十四米，五塔七层，有翘角六十，各系金玲，风吹玲动，铮铮有声。上海，鹤之故乡也。楼名取语《诗经》"鹤鸣于九皋，声闻于天。"夫鹤者，吉祥之物，又奋进之化身也，《墨经》言："蛤蟆日夜鸣，口乾而不听之。鹤虽时夜而鸣，天下振动。"诚谓多言无益，惟实干能兴邦。我川沙濒海，风光旖旎，"海天旭日"为沪城八景之一。乾隆时李行南有竹枝词状云："海日初升恰五更，红光晃漾令人惊。须臾已见腾腾上，碧落分明挂似钲。"此昔时护塘观日出之景象也。如今结伴登楼，弥望吴淞口外，舳舻千里，疾驰扬波，穿梭破浪，此乃今日江东之妙境，海港之雄风哉。楼由川沙县人民政府集资八百万元兴建，于一九九一年七月动工，历时一年半告竣。

（顾炳权撰文，王听浩书）

川沙名胜 · 鹤鸣楼

气度不凡的鹤鸣楼

鹤鸣楼雪景

拾级登楼

川沙名胜·鹤鸣楼

画中有楼

川沙廊道

　　川沙城的四周，有一条环抱古镇的护城河，虽然在几百年的时间里几经折腾，但是这条河至今仍旧保存得相当完整，而且仍旧可以通行大小船只，这在上海各个区县是独一无二的，有着浓厚的江南古镇的特色。

　　现在，川沙新镇又精心策划，在护城河一处建设了护城河廊道，成为川沙古城一个新景点。

　　这条护城河廊道工程，南起通城河川沙公园，北至护城河新川路；规模长度约300米。

　　川沙新镇通过打造国际旅游休闲度假区的配套区，全面对接迪士尼落户川沙地区来提升川沙城区的旅游功能，发展体现民俗文化和区域特色的文化旅游，形成川沙古镇旅游的第二增长点；川沙廊道的建设对提升川沙古城镇旅游形象，完善和健全古城镇旅游功能有着重要作用，成为了川沙古城风貌建设的一部分。

　　川沙古城护城河两侧原为各种普通建筑，掩盖了川沙古城的江南风貌。廊道连接了原川沙公园与川沙古城的护城河，与川沙一系列古建修复及古镇风貌整治等有机结合，相映成辉。

廊道古色古香，筑有3座风格各异的凉亭。临岸花墙间辟有花圃、竹园、建筑小品，它们镶嵌在花草绿树中，为护城河增添色彩。夜间，彩灯闪烁，天上的明月与河中波光相映，使人陶醉。

廊道建成后不仅对小桥流水、粉墙黛瓦的古镇风貌的形成有积极意义，还为川沙本地居民增添一个休闲观光的好去处。

隔岸观廊桥

川沙名胜·川沙廊道

廊桥

廊桥

护城河

知道浦东的人都知道川沙古城,知道古城名镇的肯定知道护城河!

这是一条不平凡的河!

这是一条不平常的河!

这是一条不平静的河!

护城河的沧桑

川沙护城河是 1557 年明朝时开挖的,距今整整 460 年。那一年,川沙古城之父乔镗带领父老子弟,花三个月垒筑堡城,并在城四周开挖 36 米宽、5 米深的护城河,这条环状护城河长约 2400 米,外修 4 座吊桥。护城河的开挖,不仅对抵御倭寇的进犯起了重要作用,而且极大改善了经济和地理。围绕着护城河,川沙古城出现了九庙十三桥,形成了"川沙八景";城内水系发达河流纵横,众多的桥梁沟通了大街小巷,同时也方便了居民们的外出交通,形成了一道古镇水乡特有的风景线。

解放以后,由于盲目填土修路,包括护城河在内的部分河流被填埋，其中1950年前后填平了县前港、三灶浜东段；1982年填平了护城河东北段，辟为绿化区。填埋给当地的防汛等带来了很大隐患，河段附近的下水道被破坏了，整条护城河也因此水流不畅，附近的几条河道脏乱不堪。终于在2004年，川沙实施了护城河疏通工程，疏通的河段是由原上海亚洲毛巾总厂东浜向东到五三中学的583米长的河段。

历经沧桑的护城河重又恢复了环状连通，水流沟通的格局。

护城河的美景

如今的川沙堡城，仍保留着方形城池、护城河环绕的完整形状。堡城东南隅遗存明代古城墙，北境有川杨河，东境有浦东运河。城内中市、南市、北市、西市，延续清末民初江南传统街市风貌。

川沙护城河护卫着的是风水堡城、名人故里、海派营造、宗教遗存、戏剧之乡、浦东之根。光是文物保护点在古城内外、护城河畔就有15处，历史建筑194处。

而今护城河，彩霞映漾，浮光跃金！

喜看护城河，灵动的河，流动的诗！

护城河的明天会更美！

护城河还一直隐藏着一个鲜为人知的秘密：打开地图，人们惊奇发现，川沙古城的环状护城河，向外伸展的五条支流像极了正在旋转的风车！呵，我们的祖先为后人留下了旋转不止、循环发展的水系！

风水宝地！

昨天历史已经证明，明天历史还将证明，护城河、川沙古城是一块风水宝地。

川沙名胜·护城河

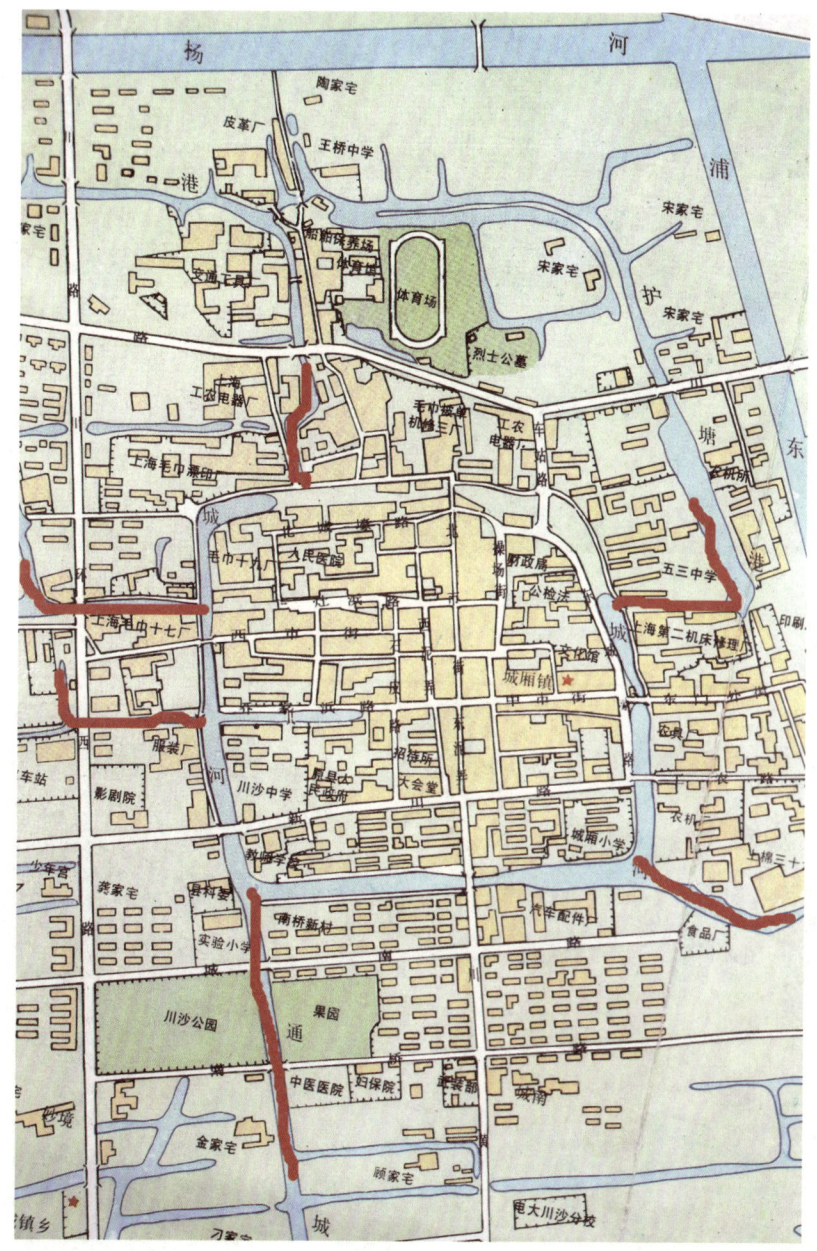

护城河水系像旋转风轮

川沙名胜·护城河

中流击楫

岸柳成荫

川沙名胜·护城河

河在城中

风景如画

川沙"名人苑"

　　川沙有个"名人苑",外人很多人不知道,对川沙人来说了解的也不多。

　　在川沙新镇北市街和北城壕路口,原先是一处约160平方米的绿地,2014年修建了"名人苑",它坐南向北,以城墙为衬托,矗立着宋庆龄、张闻天、黄炎培三位伟人的塑像。

　　古城墙是川沙文化象征,建于1557年,是当时川沙人民为抵御倭寇入侵而建。当时古城墙高约9米。有东、南、西、北四座城门,东为镇海门,南为迎瑞门,西为太平门,北为拱极门,"名人苑"所处位置正应当年的拱极门,这一段城墙也是建在当年古城墙上。

尽管只是城墙一角，但也修建得中规中矩，墙体、女墙、垛口、瞭望孔都有；采用的是长40厘米、宽20厘米、高10厘米的标准城墙砖。周围种植了枫树、紫薇、刚竹、天竺、红叶石楠，中间是株高达30米的参天水杉。

面向北的城墙上，从左到右镶嵌了三位伟人塑像，高1.2米，宽1米，并镌刻了他们的简介。

张闻天的简介全文是："上世纪1900年，张闻天出生在现闻居路50号的传统三合院内，并在川沙度过了奠定其日后发展的青年时期。后来，走出川沙的张闻天参加革命，为中国的民主革命和社会主义建设做出了重要贡献，成为中国共产党历史上一名功勋卓著的重要领导人。如今，经修缮，'张闻天故居'已是全国重点文物保护单位，被加以保护并对外开放。"

宋庆龄简介全文是："1893年1月27日，孙中山夫人、国家名誉主席宋庆龄出生在川沙内史第。其父母宋嘉树、倪桂珍，其弟宋子文、妹宋美龄都曾经生活在这里，成为中国近代史上有影响的人物。目前川沙设有'宋氏家族居住纪念地'。"

黄炎培的简介全文是："1878年10月1日，知名教育家、民盟创始人黄炎培出生在川沙内史第，其后在川沙创办中华职教社。现在，'黄炎培故居'被列为上海市文物保护单位，故居内的'黄炎培生平事迹陈列展'展现了黄炎培从一个封建举子成为人民共和国领导人的光辉一生。"

"苑"字解释是文化的荟萃之处。"名人苑"处于进入川沙古镇主路口，正前方是小火车头的景点，左前方是4幢连排著名的"陆宅"，背靠"陶桂松住宅"，是一个川沙古镇精致景点集中地；而三位伟人在川沙历史上是无与伦比、无出左右的人物；加上川沙传统文化经典的古城墙，起名"名人苑"实至名归呀！

"名人苑"入口

"名人苑"小景

川沙名胜·川沙"名人苑"

张闻天塑像

宋庆龄塑像

黄炎培塑像

川沙小火车站

浦东现在已开通了多条地铁，世界上第一条商业性运行的磁悬浮列车也在浦东大地风驰电掣，现在又提出在川沙建造浦东铁路川沙站，据说在二号线远东大道站附近。但在老浦东人的记忆中，还有一种小火车的形象挥之不去。

1975年11月以前，在上海浦东黄浦江边的庆宁寺（又称高庙）到川沙镇，有着一条小火车线路，称为上川铁路。小火车的外观形象比大火车小一些，动力却和大火车一样，是用锅炉烧煤的，靠蒸汽牵引着机车和车厢前进。机车头的颜色是黑色的，驱动轮的颜色是红色的，车厢的颜色是绿色的。每当准点，当列车开始运行时，总是先拉响汽笛："呜——"地一声长鸣，机车头两边喷出一团白色的蒸汽，然后便起步离开车站，"呼哧呼哧"地向前运行，越开越快，驶向浦东的乡间田野……。

小火车主要用于客运，1个小时一个班次，准点二个方向的列车对开，在邵弄和曹路路段交叉而过。从川沙发车早上第一班车在7点，晚上末班车在17点。川沙到庆宁寺二等票全程四角二分，如果是头等票加价50%。小火车的行驶轨道是铁轨，二根铁轨的间距比大火车窄一些，车厢也比大火车小一些。车厢一般由4节到6节组成，车厢内的座位像现在的地铁车厢一样，是靠边两排长座椅，全部是木头板条制作的，座椅上方有玻璃窗户，列车运行时，乘客可以通过窗户观看窗外风景。窗户安装有上下推拉开关，夏天天热时，可以把玻璃窗推上，风就进来了，十分凉快。小火车的车厢门也像现在地铁一样，是横着两边拉开的，据说是为了方便沿线的农民挑着担子上下车。小火车运行时，响亮的汽笛声几里路外都会听到。

清末民初，浦东沿江地带开始出现了近代交通工具，但浦东腹地的交通运输仍沿袭旧交通工具。交通不畅严重影响了浦东经济的发展。

1921年，黄炎培等人组织成立上川交通股份有限公司，开始筹建上川铁路。

1922年2月8日，上川铁路工程在庆宁寺塘工分局举行开工典礼，上川铁路正式开工。

1925年10月3日，庆宁寺至龚家路一段铺轨竣工，此为上川铁路之始。翌年完成川沙到庆宁寺站建设。设庆宁寺、金家桥、新陆、邵家弄、曹家路、龚家路、大湾、小湾、暮紫桥、川沙站。

1934年铁路由川沙向东铺设至钦公塘，又向南拓建，与沪杭公路衔接。1936年是上川铁路鼎盛时期，全线长达35.35公里，共设14个车站。

1953年12月8日，上川公司申请公私合营，小火车定为庆江线，从庆宁寺至江镇，全线长28.10公里。1965年9月5日，拆除川沙至江镇段，全线由庆宁寺至川沙，改名为沪川线，庆宁寺改称为沪东站。

川沙名胜・川沙小火车站

　　上川铁路的建设宗旨是"保运输之权利，图沿海实业之振兴"，开通后极大地便利了川沙乃至南汇地区的人们的出行交通，对工商业的发展起到了巨大的作用。善于经营的上川铁路公司还将小火车铁路班车与黄浦江边的轮渡相连接，出售水陆联票，更大地方便了乘客，便捷了川沙与上海市区的经济往来，极大地推动了浦东经济的发展。

　　由于社会经济的发展、公路交通条件改善、火车零部件配置困难等原因，上川铁路最终在经营了50年后，于1975年11月停运，随即铁轨被拆除，原路基改建成了上川公路，开始通行公交汽车。

　　为了纪念先辈们对发展浦东交通和经济的贡献，政府将上川铁路川沙站原址（川沙镇北门车站路华夏东路口）列为浦东新区文物保护单位，展出了同等比例造型的原小火车头及铁轨。

小火车

川沙名胜·川沙小火车站

小火车候车室

上川交通公司线总图

小火车旧址

小火车川沙站

飞虹复道

　　飞虹复道即川沙城门外王桥街头古老的交通立交桥,别名旱桥。那是1926年所建的一座立交桥,桥虽小,但作用很大,曾为川沙的交通立下了不可磨灭的功劳。

　　川沙北门的旱桥是立交元老。据《上海地名志》记载,上海市区最早的铁路立交桥是建成于1957年11月的共和新路旱桥,当时也称为"旱桥"。北门旱桥比它早31年。

　　1925年10月,浦东的小火车已经从黄浦江边的庆宁寺到达了龚路(今天的曹路地区),上川公司启动从龚路延伸到川沙的工程。计划中的川沙火车站设置在川沙北门外，但车站西首有一条北门外街（即今王桥街），这是川沙城区通向老护塘向北至小湾、龚路、顾路等地的主干道，人来车往，交通繁忙，且北门外街已是住房密布、人口众多的热闹街区。新建的川沙铁路必须从这里交叉穿过，是让道还是让人，给建设川沙小火车的设计者带来了一个很大的难题。

上川公司的经理顾伯威，查遍了当时国内的所有资料，在国内如果遇到铁路与公路交叉发生矛盾时，都是在平面上相互避让，而国外早有在繁忙的交通道口建设立交桥的先例。为此，顾伯威深入民间进行调查。调查中，有的人说："这种像房子一样的车子，几节车厢连接在一起像条龙，喇叭响来像雷声，车轮滚滚吓煞人。"也有曾经看到过火车的人说："在铁路交叉路口，竖着画有死人骷髅和两根骨头的铁牌子，看起来吓势势格。"这说明，当时不少群众对小火车比较陌生，但也反映对人民生命安全的事，每个人都很关注。顾伯威毅然决定，借鉴国外立体交通的经验，设计建造一座小型立交桥，开创了在上海地区交通建设史上的先例。

1926年6月，这座立交桥竣工，川沙小火车全线通车，人们把它称作旱桥。立交桥长11米、宽12米，钢筋混凝土结构，桥孔为拱形，阔约8米，桥底最高处离地3米，可行人也可通车，桥面北侧铺设铁轨，南侧宽约4米为人行道。这样就互不干扰，各行其道。时任川沙县县长李冷为此桥题写了桥名，桥名叫"飞虹复道"。

此后，川沙小火车向东向南延伸至小营房、江镇，直至祝家桥。1975年12月，上川铁路拆除，改建为公路。其后公路截弯取直，北门旱桥在被截的弯道区域之内，成为一座闲置的桥梁，逐渐被人遗忘。

2008年为建造浦东国际机场北通道华夏东路高架道路，飞虹复道被拆除。2013年6月，川沙新镇人民政府将"川沙火车站"和"飞虹复道"合二为一，成为川沙一景。

立交桥下可行人通车

上海最早的立交桥，起名"飞虹复道"

小火轮码头

  在川沙城西门吊桥东侧朝南的西城壕路10米处，护城河畔有个直立式码头，这就是"川沙小火轮码头"，俗称"川沙轮船码头"。

  民国前，川沙城乡交通主要靠客运班船。清光绪中叶，川沙县城设日生信局，置局船一艘，运递信件，兼搭客载货。每天上午8时开往周浦，下午回川沙。民国初年，有赵林泉、新蔡、陈单马等船接送旅客，往返于川沙、上海。民国三十四年（1945年），许长根置船开往周浦、上海。民国36年（1947年）冬，申浦轮开航后，各民船停驶。

  1957年，川北公路通车，开辟了"塘川线"公交车后，水上航班船终止。

  回望当年，川沙没有小火车和公交车时，"川沙小火轮码头"，来来往往的大小船只十分繁忙，是通往上海乃至全国各地的必经

川沙名胜·小火轮码头

川沙名胜·小火轮码头

小火轮码头旧址

之路和桥梁。乡亲们说："汽笛一响，喜气洋洋"！搭乘小火轮辗转各地，促进了城乡物资交流和人口流动。码头上的船川流不息……，每逢春节，码头更是忙碌。西门吊桥段的护城河停泊了许多各式各样的船只，桅杆林立，桅杆上的一面面小红旗迎风飘扬，一艘艘船上贴的福字和春联，煞是好看，登在西门吊桥上眺望，南有乔家浜石桥，扬花港石桥相对，北有三灶浜石桥、"万寿桥"、西水关桥……，层桥叠影，景色绚丽，绘就古镇水乡的独好风景。

现在，这里虽然改变了模样，唯有护城河充满活力，它日夜不停地流淌着，述说着川沙水上交通的前世今生……"川沙小火轮码头"遗址一直保留着，成为川沙古镇文明历史的真实见证者。

附：
川沙客运班船一览

船户	起 停靠站	开办时间	备注
日生信局	周浦—川沙	清光绪中叶	
赵银泉	川沙—龚路	清光绪中叶	
新蔡船	川沙—上海	民国初年	
老蔡船	川沙—上海	民国初年	
陈单马	川沙—上海		
朱阿祥	川沙—六团	民国初年	脚划船
吕阿剑	川沙—六团	民国初年	
瞿新泉	川沙—龚路	民国初年	
宋阿德	川沙—周浦		
唐阿东	周浦—川沙		
许长根	川沙—上海	民国初年	

东门桥与东门街

川沙镇东门街自东门桥至浦东运河,全长300多米,宽3.5米,路面铺有石条。

明正统五年(1440年),当时,东门街东临海,盐业兴盛,沿街南北两侧相继建粉墙黛瓦的房屋,开设了盐铺、网铺、鱼行、竹行、铁铺、杂货店等。解放前后又发展有天伦棉布店、天福南货店、励裕春南货店和东门饭店等近百家,街市闹猛,堪与中市街媲美。

自从开挖浦东运河后,河东的太平村、柴场村村民进城不便,逐渐衰退,盛况不再,有些商家关店,有的转移到新川路……好在东门街保留着颇多古迹和明清建筑,留下了浓郁的历史文脉和乡愁、记忆……

2016年,东门街被市政府列为"历史文化风貌保护区"。

黄氏民宅

黄氏民宅,坐落在东门街55弄36号。是一座七路五开间的砖木结构民房。现在保存尚好。

2017年1月25日，被浦东新区列为"文物保护点"。

东门桥

川沙东门桥（筑城前名为"水关桥"，筑城后名为"镇海桥"），位于川沙古镇东城壕路东门街、中市街交界处的护城河上。

1557年7月，为了有效防御倭寇侵犯，保卫百姓的生命财产安全，川沙父老子弟齐上阵，修筑川沙城堡。城墙周长4里，高9米，墙基宽近10米，东南西北设"镇海""迎瑞""太平""拱极"四个城门。城门外的护城河上，建有四座吊桥。东门桥的前身为"镇海桥"，当时采用坚实的木材建成，宽3米，长5米。每天早上开市，由守卫城门的兵差用纹盘葫芦牵绳，将桥面放平。每天晚上闭城时，将桥面高高吊起，可防御倭寇入侵。因此，百姓将"镇海桥"称为"东门吊桥"。东门桥沿东门街向东千米的护塘港上，也有一座桥"东门外吊桥"，和东门桥是"姐妹桥"。春去冬来，"姐妹桥"默默为百姓服务着。

有一天下午，一小股倭寇耀武扬威闯进外吊桥，直闯东门桥。守卫东门桥的兵差十分机警，奋力吊起东门桥，同时击鼓鸣炮，许多民众举起铁砧、锄头和扁担，紧紧围住倭寇，痛打落水狗，狠狠教训倭寇。倭寇被打得落花流水，屁滚尿流，狼狈地向海塘逃窜。从此，倭寇不敢轻举妄动，侵犯百姓。这保家卫国的大无畏精神，大灭了倭寇威风，大长了川沙人民志气。后来，不知过了多少年，城墙毁了，城门没了，守卫城门的兵差撤了，吊桥也由石桥替代。

解放后，政府促进城乡物资交流，人民生活改善，东门桥不再适应社会发展。1976年，经批准将护城河上的东门吊桥拆除，建造了现在的东门桥。

现在的东门桥为三孔拱形花岗石桥，桥宽 3.72 米，中心桥面长 2.4 米，东西两端各有石阶 20 级。每级石阶长 0.4 米，宽 0.14 米，高 0.1 米。为方便市民自行车通行，石阶南北两侧均铺设宽 0.5 米的斜坡。石桥南北两侧各立 0.12 米见方的雕塑石柱 10 根，石柱间镶嵌有花式石板，组成别致的护栏。石柱上端和石板上都有花纹雕刻，十分精美。桥身中孔拱形上方雕刻了由陈金虎书写的"东门桥"三个隶体字。

东门桥飞架在护城河上，建筑精美，雄姿壮观。每逢初一、月半夜晚，一轮皓月悬挂碧空，波光粼粼的水面倒影明月，倒影拱形东门桥。此时，护城河东畔东门桥南端的花格围墙上雕刻的"双龙戏珠"也活灵活现地倒映在光闪闪河面，形成了"双龙戏珠"的绝佳美景，吸引无数恋人流连往返。于是，东门桥被称为"恋人桥""蜜月桥"，成为川沙古镇的一大景观。

民建组织秘密联络点

1946 年春，黄炎培先生访问故乡川沙，时任川沙县友仁中学校长沈敬之与川沙一批工商界人士会晤了黄炎培先生，听取了黄先生"反对独裁、要求民主、反对内战"的政治主张。沈敬之深受老师黄炎培的影响。1947 年中国民主建国会的孟征祥来川沙商议：为了方便开展反独裁的地下斗争，需要在川沙建立秘密联络点。沈敬之积极协助，寻觅民房，后来确定租借在东门街外吊桥东下塇旁朝西向的一间民房，以开设"协茂米号"作掩护。作为民建组织的一个秘密联络点和活动场所。当时，这里比较偏僻，不容易引起国民党当局注意。1949 年 4、5 月间，处在黎明前的川沙民主人士热烈盼望解放，沈敬之等曾在这里积极发动川沙的工商界、教育界与城区人民纷纷购粮，汇集了大批粮食，还亲自率领群众送到前线,有力地支援了解放军,为解放川沙作贡献……

"逃走桥"

川沙镇东门街 105 号西门口,朝南向有条小路,当年,路西有爿竹行。路口往南 10 多米处有座很平常的小木桥"竹行桥",通向护塘街。后来,百姓们称这座桥为"逃走桥"("大跃进"年代,川沙农具厂扩建将填河桥拆,把路划进厂区)。要知道,这座古怪的桥名由来还有个很不一般的故事呢!

明代中叶,川沙沿海洪洼深阔,直达护塘,海上登陆相当容易。当时,川沙虽然区域不大,但镇上盐商云集,百业兴旺,运盐河上樯帆林立,镇上百姓安居乐业,一派欣欣向荣的景象。

沿海的倭寇早就对川沙的繁荣垂涎三尺,经常侵犯,骚扰抢杀,无恶不作,弄得镇上的百姓人心惶惶,提心吊胆,生活不得安宁。所以,有些外来商人纷纷带着家眷到别处谋生。川沙镇逐渐凄凉,市场萧条……

面对好好的宝地屡遭倭寇蹂躏,太学士乔镗奋起向朝廷提议:当时,川沙盐业发达,众多盐丁年富力强,也有武艺高强、民族气概强烈的,招募本地民勇,组成民团,配合官兵抵御倭寇,保卫乡里。朝廷很快采纳了这个提议。在乔镗的号召下,许多备受倭寇之害的盐丁踊跃参军组成了一支千人队伍。乔镗抓紧时机训练民团。

1555 年,抗倭名将俞大猷率精兵强将到上海,川沙成为抗击倭寇的主要战场之一。明朝官兵和民团紧密团结,并肩战斗,同仇敌忾,一举捣毁了盘踞在川沙海滩的倭寇老巢,杀伤了 500 多个倭寇,其余的一小撮倭寇像丧家犬一样,争先恐后地从东门街"竹行桥"向护塘街外的东海滩仓皇逃窜,乔镗率民团乘胜追击,在六团附近与敌人拼杀,全歼了这股作恶多端的倭寇。百姓们拍手称好!从此,倭寇不敢来犯,百姓过上了安宁的太平日子。

川沙人民为了不忘历史,牢记血泪仇,把这座"竹行桥"称为倭寇的"逃走桥"。

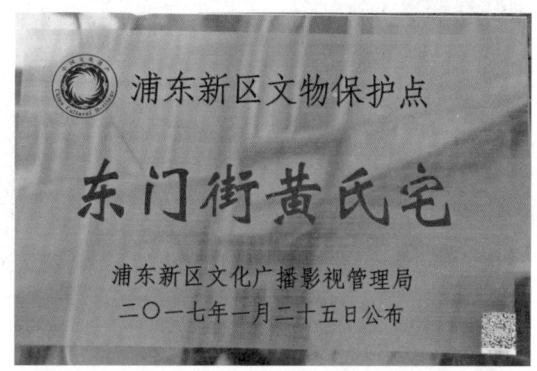

东门黄氏民宅

东门街

川沙名胜·东门桥与东门街

东门黄氏民宅

东门黄氏民宅

川沙名胜·东门桥与东门街

东门桥

精美的桥身石雕

东公益桥

在川沙新镇大洪村三队的共平路、大洪路口的河上架有一座古朴石桥,叫做"东公益桥"。

东公益桥的桥面由两块长7米、宽1.5米、厚0.4米的花岗石铺就,南北桥坡各3米,由5块石条组成。桥梁结构坚实,石料讲究,气势壮观,酷似一本厚重的历史书,是川沙镇域少有的石桥。

经调查,东公益桥是村民凌秀峰于民国十九年(1930年)11月10日修建。当时,凌秀峰在东公益桥南首建造一幢二层楼房(现已拆除),宅院四周环绕四条小河,傍水而居,是宜居的好地方。为了方便家人和四邻出行,他在宅院四面环水的河上建造了"东公益桥""西公益桥""南公益桥""北公益桥",犹如"兄弟姐妹桥"。

据村民回忆:凌秀峰曾在川沙开设十一墩毛巾厂等13家毛巾厂,热心为村里铺路架桥等公益善事,广受村民称赞。

岁月流逝,现在仅留存"东公益桥",保护了江南水乡风貌,给乡亲们留下了乡愁的记忆,桥梁上镌刻着桥名、建造年月,石桥下流淌的悠悠河水,好似诉说着四座石桥的历史沧桑。东公益桥在满目田野衬托下孤独地提醒人们:"河桥之兴,匹夫有责"!

令人宽慰的是,在东公益桥北堍竖立一块铭牌,上面写着:"浦东新区文物保护点:东公益桥,2017年1月25日立"。

东公益桥的保护铭牌

东公益桥身

界龙

在距川沙城西南二三公里的地方,有一个闻名遐迩的地方——界龙村。

这是有着历史文化之所在。界龙成陆于1000多年前的宋代,属当时华亭县长人乡十七保管辖,清代置归南汇县,解放后的1950年6月,划归为川沙县城厢区,之后行政区域多次改变,直到2000年9月,正式划归今天的川沙。

界龙之名何以而得?有一个久远的传说。

明初,明太祖朱元璋的军师刘伯温率部出巡,一日当他来到现在的界龙村域一带时,突见川沙湟南侧、东西横跨整个村域的瞿家港畔,天空祥云高悬,红光四溢,地上一块大致呈长方形的籴田,四面环沟,四堰如游,籴田的边缘勾勒、呈现出一条头东尾西、口含圆珠、吞吐如嬉、活灵活现的巨龙形象。刘伯温大为震惊,回京后即刻奏明皇上。朱元璋一听勃然大怒:难道川沙湟边上的地方竟然也要出真龙天子、跟我争夺天下吗?朱元璋迅疾下圣旨命人在龙田的"龙足"处盖上一间庙宇,并定名"假龙庙",

以镇住真龙在此处一跃而起。

此后,附近百姓将此处称为"假龙庙"。

然而,"假龙"之名的"假"字在当地百姓中总有一种如刺梗喉的感觉,故在明朝灭亡后,当地百姓随即按"假龙"的谐音,改称"界龙"(本地话中"假""界"同音),并沿用至今。

说到界龙就不能不说到以印刷起家的"界龙实业"。

"界龙实业"初创于上世纪60年代后期,时为小五金加工厂。1973年由费钧德等一帮年轻人集资人民币1000元,买了二台圆盘印刷机,办起了村办小厂,开始涉足印刷业务。他们从区区几百元的信封、信纸等小业务做起,到承接外贸印刷订单,在自身不断发展壮大同时,为改变我国出口商品包装"傻大笨粗"的形象做出了很大的贡献。

1994年2月24日,经改制后的界龙彩印厂在上海证券所挂牌上市,更名为上海界龙实业股份有限公司(界龙实业600836),成为中国第一家由村办企业改制的上市公司。为此,《人民日报》在头版头条专门发表了"中国乡村第一股"文章,赢得了极大的关注和广泛的赞誉。

2001年,界龙总裁费钧德获得目前中国印刷行业最高奖项"毕昇奖"。

一个小小的村办企业经过四十多年执着奋斗和顺应时代潮流的蜕变,成为当今中国印刷包装行业的巨擘。七百多年前朱元璋的"假龙庙"终究未能镇住、束缚界龙人的蓬勃活力和铿锵步伐。"假龙"——界龙——真龙,龙腾万里,志存高远……

初创时的界龙彩印厂厂房

川沙名胜·界龙

界龙村口

界龙印刷厂门口

界龙村内雕塑

界龙股票

1998年,时任美国总统克林顿会见界龙实业总裁费钧德

游龙石文化科普馆

上海游龙石文化科普馆，坐落在川沙新镇黄楼社区新春路20号。

科普馆门口耸立着一座古朴浑厚的花岗石牌坊，两方石柱上书写着楹联："彩石筑三山；游龙腾四海"。

中华文化博大精深，源远流长，石文化不仅是中华传统文明的组成部分，而且是中华文化源头。人猿就是从打磨几颗小石头开始，逐步进化到人的，先后经历了旧石器时代、新石器时代……，直到今天，中华民族创造了一个又一个的奇迹，也创造了辉煌灿烂的石文化。科普馆就是从自然科学的角度，从浩瀚的宇宙和神秘的地球说起，把石头的形成、价值、知识，供大家博览，给大家解悟。

漫步300余米的曲径通幽，是1000多平方米的大溶洞"游龙问石洞"。通过标本、实物、图片、音像等高科技设施，展示了"蝙蝠洞""猕猴山""古人类遗迹""水晶洞""蟒蛇洞"，溶洞里还有秀丽壮观的"游龙仙境"：《天宫瑶池聚仙图》《龙凤呈祥图》《千年灵芝》《玉峰塔》《苍松叠翠图》《天幕》《一线天》等奇妙景观，原生态的韵味表露形象生动，婀娜多姿……

科普馆第二展区正厅里展示的大化彩玉石，重14吨，是原汁原味、浑然天成的"镇馆之宝"，是观赏玉中的珍品。整个第二展区共有20多个展馆，它们是"宇宙馆""影视馆""地壳运动馆""岩石馆""人石苑（缘）""石头实用价值馆""化石馆""自然生态馆""名人爱石馆""名石馆""宝玉石珍品馆""象形石馆""纹理石馆""奇石趣味馆""山形石馆""意向石馆""奇石综合馆""钟乳石馆""大化彩玉石馆""矿物晶体馆"等。

在"影视馆"，生动地介绍地球构造、运动，使游客了解地球构造运动的无比威力和破坏力，提示我们提高预测和防范地质灾害的重要性的认识；"宝玉石珍品馆"中，展示了翡翠玉、和田玉、琥珀、蜜蜡、欧泊等名贵珍品；"钟乳石馆"里，有我国盛产各种钟乳石，展示的钟乳石盆景（14.6米×1.7米），是亮丽的风景线，引人入胜，令人惊叹不已……

参观了科普馆，让人一饱眼福，又激发了爱护地球，珍惜天然资源的情怀。

值得一提的是，在科普馆的门厅里还有一"黄金楠木大茶桌"，茶桌细纹油韧、色泽沉稳、金光璀璨。材质为珍贵的金丝楠木，长7米、高0.9米、宽2.9米，重7.8吨。茶桌上，一尊佛像和陪伴的小动物设计独特，雕刻精美，造型栩栩如生，具有繁美富丽、精工重器、古朴雅然的独特艺术风格，富有收藏和观赏价值，被国内外楠木收藏爱好者誉为"天下第一楠木大茶桌"。若坐在大茶桌旁,一边品茗,一边谈古论今,别有一番情趣。大茶桌散发阵阵浓郁的幽香,令人陶醉。

科普馆还融有江南民居、民族土楼、戈壁沙漠、欧洲古城堡和游龙太极馆、玉城、书画馆、书画院、木化石馆、足球场、民众草坪、农家乐、养生馆、购物一条街等内容,集游、乐、食、住、购、行为一体,为游客带来更多的便利和享受。

川沙古镇的"上海浦东游龙石文化科普馆",是2011年9月18日开馆迎客的,现在成为上海市科普教育基地,连续多年被评为市科普先进集体,2016年10月被评为国家3A级旅游景区。

游龙石文化科普馆门厅

川沙名胜·游龙石文化科普馆

科普馆大幕

钟乳石馆

象形石馆

人石苑

长仁禅寺

长仁禅寺位于川沙新镇王桥街2号。相传始建于宋代，因寺址属长人乡界，故名"长人乡庙"。早先就奉祀春申君黄歇，明嘉靖年间改为佛寺。清乾隆三十九年（1774年）重修，咸丰年间毁于兵火。1990年，经批准重新修复开放，更名为"长仁禅寺"。

说庙，先说乡。长人乡原是古老的行政区域地名，其历史要比上海、浦东、川沙以及黄浦江等地名久远得多。早在唐天宝十载（751年）建立华亭县时，长人乡即为所属十三乡之一，以后历经宋、元、明、清一千多年，一直沿用到民国。南宋初年，就在长人乡设置下沙盐场。元至元二十九年（1292年），将华亭县东北部划出建上海县时，长人乡是被划入的五乡之一。至清雍正四年（1724年），上海县又划出长人乡的大半土地建立了南汇县。清嘉庆十五年（1810年），又将南汇县长人乡的一小部分划建川沙抚民厅，一直到民国时期，川沙县还保留沿用着这个来自远古的乡名。

再来说庙。长人乡庙所处的地理环境极为灵秀独特，它建在一座小岛上，四面环水。老护塘从东边到此转折向北，并在拐弯处开了个水洞，称王家水洞。这样周围就有五条水道汇聚到长人乡庙：南通川沙护城河，西通四灶港，东面从水洞流入御寇河，还有被小岛切成两段的运盐河，由此就形成了人们所说的"五龙抢珠"之势。由于寺庙香火旺盛，又是川沙城内居民出北城门后的重要路口，于是寺庙周边建起了四座桥，加上1925年上川铁路建成通车后，交通日益改善。

长人乡庙开始祭祀的是黄歇，就是战国赫赫有名的春申君，上海地区原属他的封地，传说黄浦江就是他开凿的，所以属于长人的黄浦江又称"春申江"。上海别称"申城""中"，均因他而得名。据说黄歇死后被长人乡祀为城隍，所以长人乡庙祭祀他。

其实，在浦西也有纪念黄歇的春申庙。上海建城（1291年）后，就称黄歇为长人司。上海开埠前，春申庙曾在今山东路以东、河南路以西、延安东路北首。1924年改建后的上海城隍庙内，长人司供于福佑路旧校场街口的"春申侯府"。

长人乡庙明嘉靖年间改为佛寺，由于天灾人祸，到清末寺宇渐见颓败。"文革"期间，长人乡庙停止宗教活动，僧人还俗，香火停顿，禅寺被用作王桥大队的社办企业。

1983年10月起，寺庙开始修建佛殿，重塑佛像。1990年7月18日，重新修复开放，改名为"长仁禅寺"。寺院是四合院形制，建筑有山门殿、大雄宝殿及两庑厢房。山门殿共有三门，中为正门，上悬真禅法师题写的"长仁禅寺"寺额，东为解脱门，西为般若门。大殿供有释迦牟尼、观音和地藏菩萨。西侧供奉长人司（即春申君黄歇），东侧供奉关帝像。

随着川沙新镇的不断发展，交通日显便利，佛事盛况呈上升趋势。如今长仁禅寺在原四合院基础上，又新建起了一座正殿，殿名题写为"继证大雄"，颇具继往开来之意。

"长人乡庙"承载着长人乡的历史，也是浦东千年历史的见证。上世纪90初，因大家不了解长人乡历史，取其谐音，更名为"长仁禅寺"。"长仁"何时恢复"长人"，以延续千年文脉？大家都有所期待。

长仁禅寺明代石雕

长仁禅寺匾额

川沙名胜·长仁禅寺

长仁禅寺

隔岸观寺

川沙城隍庙

明太祖于洪武三年(1370年),诏告天下府州县皆选立城隍庙。从此,崇拜城隍之风甚为流行。凡是历史古城、古镇都有座造像庄严、香火旺盛的城隍庙。

川沙古镇西市街122—128号,有座历史悠久的城隍庙。据《川沙县志》记载:"明嘉靖三十六年(1557年)建,正殿三楹,后为寝宫,前为戏台,西廊为十司殿。正殿之东西各建厅事,东厅南叠石为山,有古银杏树,大十围,南有阁弓楹,阁东为放生池。另有西花厅、库书厅,外有围墙。"清乾隆五十三年(1788年),盐场大使熊之垣组织重修。清嘉庆元年(1796年),钱塘黄孙灿把重修的过程撰写成碑文,碑文录于光绪《川沙厅志卷五》。光绪二十五年(1899年),营造业主杨斯盛捐木重建。

庙内有棵高耸挺拔的古银杏树,根干蜿蜒,天娇龙形。放生池里时而鱼跃蛙出,在繁花翠柏的衬映下,引人入胜,美不胜收。浓荫覆盖的古银杏树,像顶保护伞似地把庙前的一座小巧玲珑假山全部遮盖,形成当时川沙颇有名声的"一树遮山"景致。每当微风拂来，古树枝摆叶动，在阳光的照耀下，深绿、翠绿、浅绿、墨绿……绿得鲜亮，绿得意趣盎然，胜似池中的碧波涟漪。观之，令人心旷神怡。金秋季节，金色的阳光洒在昂然傲立的参天古树上，硕果累累，酷似撒金点银。来城隍庙进香拜佛的善男信女络绎不绝，都要观赏一下古树的风采。据说用手抚摸古树会长寿，所以树干被人们抚摸得油光锃亮。

城隍庙大殿上有副楹联，颇值细品。

上联：天知地知你知我知无为不知；

下联：恶报善报早报迟报中须有报。

横匾：显应灵感

楹联的书法俊秀而刚劲，雕刻也颇考究，为人称羡。

1949年春天，飞来了一只全身羽毛姹紫嫣红、绚丽多彩的大鸟，在古银树梢上，鸣叫声婉转悦耳，停歇了好久辰光。使古树平添秀色和灵气，招来了西市街上好多市民来看热闹。认为有好兆头了！不久，迎来了川沙的解放。

川沙人常为川沙镇上有遮天蔽日城隍庙的古银杏树而自豪，夏天在像巨伞的树荫下纳凉，观赏"一树遮山"的美景；有雅兴的话泡上一壶茶，细细品尝，实在是别样的享受。

在"文化大革命"年代，伴随川沙乡亲400多春秋的城隍庙，"一树遮山"景致、放生池、假山、绿化等景色被视为"封资修"而一扫而光，实为可惜！历尽沧桑的古树和几间庙屋，显得格外孤苦伶仃……。

20世纪80年代，供销部门为建造营业楼，将楼基建到古银杏树下。古树很有灵气，很会适应艰苦环境的变化，它的树枝尽量地向东、北、西舒展，显露出古树的倔强精神，不服输的气质，还萌发了无数幼嫩的银杏枝条，宛如"子孙满堂"。

川沙名胜·川沙城隍庙

1992年12月，古树被上海市绿化管理局列为一级保护。2015年，川沙古镇被列为"中国历史文化名镇"。2016年初，川沙新镇出资修复城隍庙，并在庙旁修复"仰德祠"，并在庙门前修建了一座花岗石牌坊，石坊上南侧刻着"云王灵济"，北侧刻着"砥柱海疆"，一对石狮子古韵飘然。2017年1月，川沙城隍庙被浦东新区列为历史文化保护建筑，使一度风雨飘摇的城隍庙重显飞檐画栋、精致的庙殿楼阁，香火辉煌！

百年古银杏树

城隍庙

2016年修建的花岗石牌坊

川沙名胜·川沙城隍庙

城隍庙旁的仰德祠

城隍庙内景

天恩堂

老天恩堂地处川沙新镇三灶浜路134号，1932年由美国基督教北长老会筹款建成，占地面积323平方米，建筑面积406平方米。

基督教在川沙已有百年历史，已故国家名誉主席宋庆龄的外祖父倪蕴山牧师、父亲宋嘉树（宋耀如）牧师、母亲倪桂珍（史料记载名倪珪贞）师母一百多年前曾在川沙地区做过基督教传道工作。当时他们曾借用川沙东门十一墩的一户石库门民房作聚会用。是为基督教在川沙地区卓有成效的传道工作的发端。

其后，各宗派陆续进入川沙传道。美国北长老会署理浦东的负责人是上海清心堂美国籍传教士包兆祺夫妇，在川沙城南先租借兰芬堂四间房屋作为布道所。1925年在北门大石桥南首租刘姓房屋四间聚会，而后1930年又租北城壕路艾姓房屋二间聚会。直至1932年左右，因信徒增加，由美国北长老会捐款购进三灶浜路土地，建造了二层三上三下楼房，作为正式礼拜堂，定名为"天恩堂"，隶属于原中华基督教总会江南区会，由上海闸北堂负责管理。

天恩堂的首任传道人是西教士包兆祺。继后，又有江南区会委派西教士林保罗常驻川沙，并邀请曹光祖、褚信义一起做传道工作。1941年太平洋战争爆发，西教士撤离回国，教会经济来源就此中断。于是闸北堂全面负责川沙天恩堂的经济及教务。1945年底，天恩堂由蔡钧培、陈润涵、潘友兰、秦德成等组成理事会，直至1958年11月停止活动。

自此以后，原教堂房屋由川沙县房管部门接收，后来作为城厢镇派出所的办公用房。在党的十一届三中全会后，宗教信仰自由政策逐步得到了落实。1987年5月，政府批准了天恩堂的复堂申请报告。

1988年6月5日天恩堂正式举行复堂庆典和感恩礼拜。复堂后不久，成立了川沙县基督教三自爱国委员会和堂务委员会，开展了读经会、祷告会、圣经识字班等聚会，从此教会工作迈入了新的历史阶段。天恩堂的信徒来自川沙、江镇、六团、黄楼、孙桥、唐镇、合庆、蔡路、曹路、顾路、龚路和王港等十多个街镇社区，目前每个主日参加礼拜的人数约为1200人，12月圣诞崇拜时甚至达到1700人。

随着信徒不断增加，老教堂已容纳不下众多信徒，于是在2006年租借了附近亚洲毛巾厂约1000平方米的车间作为临时宗教活动场所，一直沿用至2017年。老堂和厂房相距不远，如今每逢主日，厂房作为大堂使用，而主日学教室被安置在老堂里。

在新区民宗委、川沙新镇政府的关心帮助下，在第六任牧师温碧玲的努力下，一座现代化的、崭新靓丽的新"天恩堂"，在平川路313号已经拔地而起。主体建筑分为南北两楼，两楼之间有间隔约为6米的绿化园林。还有地下车库，能停放二十多辆车。北楼坐东朝西：西面为玻璃大门；里面一二层为宽敞明亮的礼拜堂；东面为三层台阶的讲坛。地面铺设淡黄色的大地砖，屋顶和讲坛

老天恩堂正门

装有现代化的灯具。里面装修和设备安装已经完工。新堂已经在2017年7月正式启用。

新旧天恩堂,见证了川沙地区百年沧桑巨变,见证了改革开放以后日新月异的浦东,更见证了福音在这片热土的复兴,我们期盼着天恩堂能够世代延续,再显辉煌。

新天恩堂内景

天恩堂新址

天恩堂新址

关帝庙

  关帝庙在川沙新镇西市街 56 号。据《川沙抚民厅志》记载：川沙关帝庙是在元代古刹崇福庵旧址上建造的。明嘉靖年间，由乔镗之父乔晟重建。万历三十九年（1611 年）由乔镗之后乔楠、乔拱薇改建成关帝庙。庙宇坐北朝南，占地 583 平方米，建筑面积 348 平方米。祭祀的是关公，历年香火旺盛。

  关公就是三国蜀汉名将关羽，在人们的心目中占有很高的位置，关公的故事几乎家喻户晓。中国人普遍认可两个圣人，一个是文圣人孔夫子，一个是武圣人关羽。所谓"关羽精神"，就是"忠义"！所以，民间信仰讲这个。

  民间传说，川沙先人排外思想严重，经商时常与外来者引起冲突。时间一长，经商者对川沙都避而远之，使川沙经济萧条，人们生活贫困。当时川沙有位姓乔的读书人,想改变这个局面,但束手无策。一天梦见关公对他说:"川沙人很聪明,就是缺少忠义两字,若能改变,川沙定会富起来。"于是他感悟,到处游说关公托梦之事,宣传"若要川沙富,先要忠、义、和"。为此他提议,把一座旧庙改造成关帝庙,供奉关公,使"忠义"两字深入人心。随着关帝庙的香火旺盛,川沙人果然慢慢富裕起来。

同治五年(1866年),由川沙同知何光纶主持重修。光绪三年(1877年)由川沙同知陈方瀛进行大修,把正殿向前移了五尺,还修了后楼,并添配岳武穆神主。庙内曾有咸丰七年(1857年)皇帝所颁御书"万世人极"匾额。

1987年1月20日,川沙道教协会成立,关帝庙为会址,并进行了重修。2014年,浦东新区及川沙新镇政府修缮关帝庙。并且很快对外开放。

在关帝庙内,有两块反映清代川沙水师兵营活动情况的石碑,保存基本完好,可以说是两件珍贵的清代沿海水师兵防的石刻档案,对研究上海地区清代沿海军事史有一定参考价值。

现立于关帝庙东侧墙中,碑名"弭盗安民"(平息盗贼,稳定民生)四字篆书碑额。碑立于清嘉庆十二年(1807年)。此碑系川沙营兵员为年老退伍及病亡兵员帮困捐钱而设立的公约记文。碑身高166厘米,宽70厘米;碑额高47厘米,宽70厘米,刻有朱雀图案,碑系青石质。

"重整川沙营规记碑"立于清咸丰二年(1852年),此碑详细规定了川沙营的有关活动准则,以杜舞弊和紊乱。碑身高167厘米,宽82厘米,厚28厘米;碑额高56厘米,宽82厘米,厚20厘米,碑额篆书"重整营规",并刻有双龙图案;碑座已失,碑系青石质。此两石碑,也是川沙曾经是军事重镇的佐证。

关帝庙正门

"弥盗安民"碑额

川沙名胜·关帝庙

关帝庙门口

吴氏家祠

　　川沙吴氏家祠在哪里？一般的人都不知道了，吴氏家祠在长丰路"东方城市绿洲"西南角的楼下，而且是"断头路"，周围全是大片绿化，老宅独此一家（因登记保护幸免于难）。门牌为长丰村南张家宅60号。

　　据熟悉情况的老人回忆，吴氏家祠是吴树贵所造。他出生贫苦，祖上没地，从小父母双亡，没有读过书。他经常受人欺负，被人冤枉。哪怕村上少只鸡，有人会说：是不是这个"小瘪三"偷的？当然，村上还是好心人多，看他可怜，这家一碗饭，那家一件衣，帮他艰难度日。吴树贵从小很有志气，穷则思变，暗暗发誓要混出个人样来。

　　村上有个"爷叔"叫朱爱涛，在上海十六铺小东门一带做水果生意。吴树贵十二岁那年，只身去沪找他，叫他爷叔，恳求帮忙。他说：我没本钱，早晨你赊我一篮水果，晚上卖掉我来结账。爷叔看他远道登门，衣衫褴褛，可怜兮兮，有心帮忙。心想，上当无非就是一篮水果，就答应了。第二天，他拎着水果就去沿街叫卖，结果不到晚上他就来结账。从此日复一日，寒来暑往，历经数年，他不仅有了积蓄，而且懂得经营之道，结识一批生意朋友。

吴树贵本来就憋着一股劲，想出人头地，开始做"红珠珠"毒品生意发财。他挖到第一桶金后，很快金盆洗手，转行创业。开始在小东门一带开饭店，后来做旅社，开典当行。由于他有胆有识，善于经营，终于崭露头角，很快由一个乡下"穷光蛋"变成了暴发户。

1931年（根据祠堂砖雕残迹"辛未"推知），发财后的吴树贵决定出资5万大洋，回乡买地造房，光宗耀祖。他在长丰村选择一块风水宝地：南面是作为川沙和南汇两县分界的界沟，北面是连通川沙护城河的长浜。历经数年，吴氏家祠终于落成。占地约三亩，建筑面积1000多平方米。它属于中国传统院落式建筑风格，坐南朝北，三进三庭心，中轴对称，观音兜山墙。中间为建筑主体，东西门面五开间，南北三进深：南面一进四合院为住宅；北面一进四合院为祠堂；中间一个小天井为砖雕仪门，将住宅和祠堂分隔开来。仪门南面砖雕"吴氏家祠"四个大字；北面雕刻"明德维馨"（语出《尚书》，意为只有完美的德性才是芳香清醇的）四字，年代为"辛未（1931年）夏月"。主体建筑的东西两侧为长廊，再外面为两排很长的厨房等杂用间。建筑的东面是一块家族墓地，安葬他祖父母、父母，其余作为蔬菜地。建筑的南面是一块空旷的场地，种有花草树木。

吴氏家祠有两大特点：首先，一般大户人家把住宅和祠堂分开建造；而吴氏家祠合二为一，采用"前宅后祠"形式。其次，一般祠堂都是同姓宗族集体出资建造，神主牌位摆放很多老祖宗；而吴氏家祠却是吴树贵一人独资建造，神主牌位只摆放其祖父母和父母，所以平时不对外人开放。

吴树贵发财以后，以德报怨，没有忘记回报家乡父老，做了两件大好事：一是在祠堂后长浜港北岸修筑了五里长的"石阶路"，一直通到川沙南门吊桥，方便了川沙城西村民进城。另一件事，修建了包括三灶浜秦家桥在内的十座石桥，方便了四方百姓的出行。所以吴树贵的大名，在当年如雷贯耳，无人不知。想不到七十多年后，当年的石阶路和石桥都难觅踪影，大家更不知吴树贵为何人。

吴树贵在解放前夕去世。他生有两子一女。其在上海的几家企业，解放后都公私合营。他家成份为工商业地主。吴氏家祠除了客厅两边的两间留给后人居住外，其余全部归公。1963年由川沙县教育局接管后，把原来陆家的民生小学搬迁到吴氏家祠。"文化大革命"破四旧，仅门上"吴氏家祠"四个砖雕大字被凿去，但痕迹至今依然清晰可辨。

现在，吴氏家祠整体建筑保存完好，为浦东新区登记不可移动文物。川沙虽是国家历史文化名镇，偌大的川沙城，这样现存的、原汁原味的祠堂建筑，唯此一家。

吴氏家祠全景图

川沙名胜·吴氏家祠

吴氏家祠局部

观音兜山墙

六灶傅家祠堂

　　川沙新镇六灶社区，有个颇具规模的傅家祠堂。这是明朝开国元勋傅友德后人所建。这个有着280多年历史的祠堂，见证了历史的沧桑巨变。

　　朱元璋建立明朝，首都设在南京。傅友德为朱元璋收获云南，攻克武昌，又转战南北，屡建奇功。后被封为颖国公，食禄三千石。但是，飞鸟尽，良弓藏，朱元璋害怕这些能征惯战的将军能臣将来不利于统治，将他们一一杀戮。傅友德也被从山西任上召回"赐死"。在那个年代，一人倒霉，株连全族，傅家竟几乎遭到灭门之祸。

　　六灶始迁祖傅荣，是傅友德的大儿子。他于洪武二十七年（1394年）避祸到浦东六灶以后，隐姓埋名，不敢说出自己的身世，不是莫逆之交，都不知道他是颖国公的儿子。他生下五个儿子，子孙繁衍，现在南汇傅氏之后已达万人之众。傅荣曾因父亲开国有功，却死于朱氏之手，要求后代"不谋仕进"，因此傅氏后人虽然事业有成者不少，但少有做官的。

明嘉靖元年（1522年），云南巡抚都御史何孟春"请立祠、祀友德"，在云南建立"报功祠"，为傅友德彻底平反。傅友德的五代子孙等待了128年，终于出头。又过了22年后的1544年，由六灶傅氏三房五世祖心鲁公，创建了第一部六灶《傅氏家谱》。此时，离傅氏定居浦东，已经一百五十年了。

到了清雍正甲寅年（1734年），由九世维周、焕文诸公捐田，建立傅家祠堂，至今280多年历史。历经乾隆重建、嘉庆添建两厢，家祠初具规模。同治二年（1863年），太平军进攻上海，家祠毁于战乱。经同族商议，通过集资重建，将家祠移至土质干硬的旧祠东。民国时期又三次扩大修建。

至解放前夕，祠堂总占地6880平方米，建筑面积900平方米。祠堂一体三进，祠外有报祖桥，正门两边有石狮子。祠堂内有仪门、戏台、庭院、礼堂等，颇具规模。左右夹室7间、前殿10间、中殿8间、正殿6间、东西两厢6间，望祠屋5间。祠堂庭院中有戏台一座，植有塔柏（1958年被砍伐）、罗汉松（上海市古树名木保护牌第0612号）古树两棵。祠北有古墓数十穴。

傅氏家祠四面围河，把"四水归堂"的文化理念，融入到祠堂的建筑模式之中。该祠堂属于中国传统建筑风格，四合院式的建筑格局。中轴对称，坐北朝南，前后三进，东西两厢。经数次修缮和扩建，其建筑用材考究，工艺精湛，结构完整，造型别具一格。

1949年后，傅氏家祠由乡政府委托房管部门代管，部分建筑物被拆，先后安排小学校、水产队和居民使用。"文革"中，它再次经历了浩劫。如今，修缮后的傅家祠堂结构基本完整，工艺精湛，原汁原味，对研究祠堂文化史、建筑史、传统艺术有一定的历史价值和科学价值。2011年3月，浦东新区已将傅家祠堂登记为不可移动文物，加以保护。

傅氏后人建立的社团

傅家祠堂内的古树

傅家祠堂文物保护铭牌

傅家祠堂侧面

东门贞节牌坊

与护城河之内"修旧如旧"的几条老街相比,今天的东门街依然保持着清末民初时期的风貌,显得古朴真实,原汁原味,在整个上海的古镇中难得一见。

更少见的是一条南北向的小弄堂口,门牌号码写着"东门街126弄",出现一座坐北朝南的石牌坊。不知是由于窄小弄堂的衬托,还是人离牌坊太近,必须仰视,且环顾四周方能观其全貌,使牌坊显得高大而挺拔。牌坊残高4米,宽4.5米。牌坊是花岗岩石质,目前只剩主体框架,两根合抱粗的四方石柱,顶端驾着一根雕刻如意云头的横梁。

这座石牌坊,在《川沙抚民厅志》"人物志"章节中的烈女和节妇里有这样的记载:"蔡氏,本城东门外朱令一妻,年二十一夫亡,孝事迈姑,守节终身。乾隆十六年题请建坊。"相信这段文字应该摘录自牌坊上面的碑刻。其有三层意思。首先表明:牌坊表彰的女主人姓蔡,她是川沙城东门外朱令一的妻子,二十一岁时丈夫就去世了。其次是对她的评价,共两句话八个字:"孝事迈姑,守节终身。""孝事迈姑",意思是说蔡氏像《女儿经》里以孝著称的"唐迈姑"一样,孝顺长辈;"守节终身"就是她从21岁守寡到死没有再嫁。最后是说乾隆十六年(1752年)经乾隆皇帝批准后建造的牌坊。离现在260多年了,也是目前川沙城里唯一的贞节牌坊老古董。

牌坊的东边石柱上雕刻有阳文"贞操百年表沛国"。贞操比较笼统,其内涵大致是女子在婚前要"守童贞",婚后夫在时要"守贞",夫死要"守节"。"沛国"是"朱氏"的堂号,在安徽宿县境。意思是说蔡氏保持贞节操守是"沛国堂"朱氏家族百年的榜样。牌坊的西边石柱,下段为房子所围,只留上面"徽音千古……"四字。"徽音千古"就是美好的声誉流传千古,出自宋代范祖禹的《六州(一曲)》:"光灵在上,徽音流千古,昭如日月丽层穹"。

据周围居民讲,石牌坊上原来有雕刻精细的人物和狮子,顶上还有屋檐。"文革"时期遭到破坏。牌坊上方的匾额已经丢失。上面应该雕刻有此牌坊的名称,如"蔡氏贞节牌坊",或者"御赐贞节牌坊"等。匾额下面的石板上应该雕刻蔡氏的具体功绩。还有石牌坊上的几块石头,被作为弄堂里面的铺路石了,其中一块夹杆石就在石牌坊前面几米的弄堂口。还有几块被丢弃在牌坊北面几十米的大树下。2017年2月,此牌坊被浦东新区公布为"不可移动文物"。物以稀为贵,这样原汁原味的石牌坊,在上海市目前公布的"中国历史文化名镇"中,也属于凤毛麟角。那些后仿的"高大挺拔"石牌坊,与此相比,不可同日而语。

牌坊是封建皇帝给有贡献的人立的一种碑,用来记载这个人的功绩。就是说牌坊不像造房一样,只要有钱就能建,它是要地方官员上报,皇帝批准才能建造的,实际是皇帝颁发的"立体嘉奖令"。

而贞节牌坊是特指为了表彰封建女性对自己的丈夫坚贞不渝,

川沙名胜 · 东门贞节牌坊

一生恪守贞节而建立的牌坊。每一处牌坊下，不是埋葬了一个活泼的生命，至少也埋葬了一个女子数十年的青春。这座贞节牌坊就是封建礼教压迫妇女的历史见证。

牌坊石柱

牌坊部分石构件被垫在路边

川沙名胜·东门贞节牌坊

位于弄堂口的贞洁牌坊

小普陀寺

  浦东小普陀寺，位于浦东新区川沙新镇六团湾镇村，浦东运河和八灶港交会处西岸。始名"太史庵"，初于明万历四十八年（1620年），由乡贤乔镗家人乔蔡氏为酬愿发心捐家祠为寺。清乾隆二十年（1755年）乔氏后人乔孔嘉扩修，咸丰末年毁于太平天国兵乱，光绪十一年（1885年）乡贤姚桐山捐资重建大雄宝殿，并于八灶港南岸堆土成山增建"珞迦山"殿堂。

  建成后的小普陀寺规模宏大，占地四十余亩，以其布局形制仿造普陀山的寺院，故又称"小普陀"，与浙江舟山普陀山和厦门南普陀并称为"两座半普陀"。小普陀寺建成后，香客络绎不绝，香火旺盛，成为浦东地区的一方佛教名刹。惜于1958年"大跃进"运动中，小普陀寺连同"珞迦山"殿堂被全部拆除，寺毁僧散，尽失旧观，成为广大信众长久以来的遗憾。

  小普陀寺被拆之后的整整半个世纪，当地百姓和护法群众希望恢复小普陀寺的愿望从未中断过。2002年伊始重建小普陀的呼声日益高涨。为了顺应民情，落实宗教信仰自由政策，满足广大群众宗教生活的需求，在各级政府的大力支持下，在相关人员的发起下，上海市佛教协会委派慧泽法师主持小普陀的重建工作。2011年9月25日，浦东小普陀寺举行了隆重的重建奠基典礼。

现今小普陀寺的山门上刻有一副慧泽法师为小普陀寺重建撰写的一副对联：

"普陀重璀　高筑莲台弘佛法

禅露再生　好将净水洗尘心"

走进山门是弥勒亭，左右两侧分别是请香处和客堂，正对山门的是大雄宝殿。大雄宝殿两侧是办公区域和斋堂，大雄宝殿后侧是僧寮和会议室。西北侧是小普陀寺重建的一期工程，占地10亩。一期工程建造了圆通宝殿、西方三圣殿、文殊殿、普贤殿、办公区域、僧寮和斋堂。小普陀寺是观音道场，所以一期工程的核心是圆通宝殿。圆通宝殿高30米，呈八角形，共三层。圆通宝殿外每一层东西南北各挂着一块金底黑字的匾额，匾额共十二块，都是陈佩秋、周慧珺、乐震文、高式熊等书画名家为小普陀撰写的。圆通殿有东西南北四门，每个门两侧是大理石雕刻的庄严雄伟的八大金刚手持法器默默守护着圆通宝殿。

走入圆通宝殿，庄严肃穆金碧辉煌，里面供奉高18米的四面千手观音，莲台也供奉着32尊观音，与四面千手观音合成观音33相。四面观音的四个方位分别代表着财、福、寿、禄。东北自在观音代表财运，东南净瓶观音代表平安，西南吉祥观音代表健康，西北如意观音代表事业。

圆通宝殿东边是文殊殿，供奉释迦佛的左胁侍文殊菩萨；圆通宝殿西边是普贤殿，供奉释迦佛的右胁侍普贤菩萨；圆通宝殿正北是西方三圣殿，内供西方三圣，中为西方极乐世界教主阿弥陀佛，他的左胁侍观世音菩萨，右胁侍大势至菩萨。

川沙名胜·小普陀寺

小普陀寺的一期工程后，应广大信众的需求，临时建造了普门大礼堂、勤师殿、弥陀殿。在普门大礼堂多次举行规模宏大的法会，普陀重璀，佛光普照，小普陀寺恭候八方香客前来朝圣。

小普陀寺内建筑

小普陀寺远景

圆通宝殿

小普陀寺的圆通宝殿内景

川沙天主堂

在川沙镇,有一座著名的哥特式教堂,就是耶稣圣心天主堂。它位于川沙中市街42弄15号,俗称川沙天主堂,现为浦东新区文物保护单位。

天主教传入浦东始于明代。明万历三十五年(1607年),意籍神甫郭居静,经徐光启陪同来沪定居后,在浦东传教,当时有数十人领洗入教。此后200余年间,川沙县内先后建起教堂7座。

清咸丰六年(1856年)法籍神父费致和来到川沙城厢镇,购得财神庙地基,拟建造天主堂。而真正建造竣工的是由继任的法籍神父康治泰,时间是清同治十一年(1872年),当时定名为耶稣主心堂。之后,天主教徒日益众多,本堂朱西满神父捐赠白银万余两,作扩充教堂之资,1907年由继任法籍能神父经营建筑,至宣统二年(1910年)改建落成。

以后一段时间里,川沙境内天主教发展迅速,原主心堂大堂又显得狭窄,凡逢大瞻礼日难以容纳众多教友。川沙本堂神父黄重裳的亲戚、海门郁兰生先生,独资重新建造大堂。于民国十五年

（1926年）五月二十四日行奠基礼，工程迅速，当年冬季竣工。整个工程，耗银三万余两。十二月十日举行落成礼，并改名为"耶稣圣心堂"。其占地总面积5040平方米，大堂占地575平方米。天主堂还有三上三下楼房一幢，为神父用房，另有平房四间，共占488平方米。路南原有主心堂小堂一座，占162平方米。

主体建筑大堂显得简洁、庄重、敦实。建筑呈上下两层，平面呈拉丁十字式，大厅为巴西利卡式。外形是单钟塔，哥特式。钟楼位于主立面入口上部，顶端为尖锥形塔尖，内悬铜钟三口。外墙为青、红两色相间砌成的清水墙。堂内地面铺拼花瓷砖，壁窗玻璃绘有人物、花卉、文字。祭台有三座，正坛供奉耶稣圣心像，高八尺余，披露赤心，拓开双臂，示慈祥恺悌、胞与为怀之意，左右祭坛分供圣母、若瑟怀抱耶稣像各一尊，均购自法国。

天主堂的建筑施工，自然应该有号称"建筑营造之乡"的川沙人完成。现在被称为万国建筑博览群的上海外滩，其中一半的建筑出自浦东人之手。所以建造西洋风格的天主堂，对川沙人来说并不是一个很大的挑战。施工十分讲究，其中不少建筑材料都是进口的，如彩色拼花地面砖在上海教堂也少见，为天主堂平添姿色，使用至今光亮如新。唯有进口的彩色压花玻璃损坏较多，所剩无几，现在窗户上的彩色玻璃大都是后来仿制的。施工时还引进了不少国外先进工艺，如大立柱下部的彩色磨石子。这种工艺在上世纪90年代，在上海地区还被广泛采用。整个工程仅用半年时间就保质保量竣工。时光虽然已经过去了九十多年，但天主堂的主体建筑依然完好如初：基础没有走样，墙体没有开裂，地坪没有起伏，砖头没有风化……，几乎找不出一点施工质量瑕疵。这座建筑本身就是浦东营造质量和技艺精湛的最好证明。

天主堂钟楼尖顶直插云霄，在那个川沙城内没有高层建筑的年代，可谓鹤立鸡群，成为川沙一景。川沙是个有着几百年历史的古城，建筑几乎是清一色的中国传统风格。这个完全西洋化的哥特式教堂，在一片古色古香的中式建筑衬托下，格外引人注目。

"文革"期间，天主堂内部设施悉遭破坏，直至1982年圣诞节举行重启典礼。1998年在堂外新建了"玄义玫瑰圣母"亭一座。

近年来在上海教区和本堂神父的关心下，大堂面貌整修一新，天主堂不仅成为浦东新区著名的宗教场所，而且成为"中国历史文化名镇"川沙的重要旅游景点。

天主教堂远景

川沙名胜·川沙天主堂

天主堂

川沙名胜·川沙天主堂

天主教堂内

七灶天主堂

在川沙，说起天主堂，人们很自然想到老街上的天主堂，其实在距离不到10公里，还有一位"兄弟"，它就是七灶天主堂。

七灶天主堂，紧靠七灶港南岸，占地十余亩。据《南汇县志》载："二十八图圣心堂，俗呼大七灶天主，清咸丰四年（1854年）建。"

据说当时由英国传教士平神父请来川沙的陶海泉承包建造，历时两年完成。堂屋南端有钟，楼高20米，圆锥形顶架有十字架。堂屋高大雄伟，东西两侧配有彩色玻璃门窗。堂内面南是白色圣母塑像，装潢十分富丽。钟楼西侧建有面南楼房三上三下六间，供神甫、修女住宿、会客之用。东北角还建有小楼房三间、平房三间，称作小堂，兼作伙房。

七灶天主堂坐北朝南，占地面积1800平方米，建筑面积约600平方米。正立面作对称的竖三段划分，中间钟塔，略前凸，砖混结构三层，高18米，底层尖拱大门，两侧立塔司干柱，二层开拱窗，三层平台，中起穹顶，两侧有尖锥形壁柱，哥特式风格。

天主教，与东正教、新教同为基督宗教的三大派别。16世纪传入中国时，其信徒将所崇奉的神称为"天主"，故在中国称天主教。天主教信奉耶稣基督，并尊玛利亚为圣母。1840年鸦片战争后，传教士也陆续进入中国，天主教又发展起来。传教士在中国的土地上受他们本国政府的保护，他们设立教堂、修道院、兴办学校、医院、孤儿院，用各种方法传播、发展天主教。七灶天主堂，就是那个时代的产物。

　　说来也有趣：七灶天主堂虽然冠以七灶之名，实际上却是处在纯新村辖地，这也许是解放后行政区域划分后留下的事儿，不管怎样，七灶天主堂是当地历史悠久的优秀建筑。

　　七灶天主堂就在纯新村境内，周围群众都信仰天主教，教徒多达上千人。信教的人们对做礼拜"望弥撒"诚心诚意。为此，解放后在给当地村落取名时，许多群众提名为"诚心"。最后就取了与"诚心"谐音的"纯新"村，因此，这一地名就这样沿用下来。

　　1985年，该堂由粮食部门借作仓库，部分屋宇由村办工业借用，宗教活动停止。1990年3月重新修复，1991年5月16日恢复宗教活动，由上海教区李恩德主教主持了复堂仪式。

　　2002年1月被列为浦东新区文物保护单位。

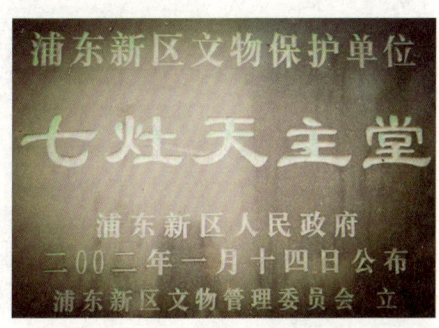

七灶天主堂保护铭牌

川沙名胜·七灶天主堂

教堂圆形房顶

教堂内景

川沙名胜・七灶天主堂

七灶教堂外观

八团古镇

说起川沙古镇，浦东无人不晓。但说起八团古镇，别说浦东，就是川沙人，也是知者甚少。

八团古镇谜团多

八团镇究竟在哪里？和川沙有什么关系？此前有三种说法：八团镇就是川沙城；八团镇在川沙城东数里；八团镇与川沙城东相邻。

《上海名镇志》中的《历史上湮没的上海名镇》一文，对"八团镇"有如下描述："隶华亭县。浦东新区东南部，川沙镇东。地处八团，故名。始建年代不详。明设有下沙三场盐课司。居民日繁，成为濒海巨镇。嘉靖三十六年筑川沙堡城后，融为川沙堡城，镇废"。既然八团镇与川沙堡城"融为"一体，有了城堡保护，集镇理应更加安全、繁荣，为何会"镇废"呢？

另据明万历《上海县志》："八团镇今为川沙堡"。言下之意，八团镇就是川沙堡，只是改名而已。这也令人费解：为什么把一个好端端的巨镇名称要改掉呢？

揭开八团古镇的谜团，还要从头说起。

制盐诞生八团镇

和浦东许多城镇一样，八团镇也是因盐而兴。但八团有盐场和集镇两个不同的概念。先说盐场。浦东为滨海之地，五代以后，先民以"聚灶煮盐"为主业。南宋建炎年间，置下沙盐场，八团属于下沙三场。元代"聚团公煎"，实行团甲制，沿老护塘一线，划分成九个团，现川沙地区东面属于八团。

因盐历来为国家控制，八团作为一个盐场单位，自然有明确的区域范围，并实行半军事化管理，主要包括现川沙东部和东北部的蔡路、合庆地区。

再说集镇。它的形成取决于当地的物产和交通。浦东沿海盛产海盐，海盐贸易运输依赖水陆交通。修筑于北宋的老护塘长达百里，成为陆上交通要道。其两侧开挖的随塘港，也叫"运盐河"，平时作用就是"运盐"。随着盐业兴起，老护塘沿线形成不少集镇。从北往南依次为：徐家路口、蔡家路口、顾家路口、曹家路口、龚家路口、大湾镇、小湾镇、川沙镇（八团镇）等等。其中八团镇的规模最大。

为什么八团能"一镇独大"？因为水上交通得天独厚。《川沙抚民厅志》载："今诸洼皆夷平陆，沿海尽铁板硬沙，故无海舶寄椗处。"说浦东沿海滩涂均为铁板沙，海船无法停靠。而明初时的"川沙洼"又深又阔，海船经此可直达老护塘脚下。换言之，附近集镇的海盐只有通过川沙洼，才能运往外地。故此地成为海盐集散地，盐商云集、帆樯林立，使八团镇得到快速发展，并在500多年前跻身上海十大重镇之列。

八团古镇在哪里?

作为贸易过程中自然形成的八团集镇,它不是行政区划,范围也不受八团盐场地域的限制。它开始沿着老护塘展开:向南形成护塘街,连接小普陀、六团、祝桥等;向北形成北街,连接长人乡庙、王港、顾路、曹路等;在运盐河东侧形成十一墩街,辐射连接合庆、蔡路、江镇等。以上三条街,都是沿着老护塘,南北走向,互相挨着,使得整个集镇南北很长,东西很窄。

随着贸易的扩大,集镇打破"线条形"格局,向西纵深扩展。主要依托与运盐河丁字形连接的三灶浜,在其两侧形成集市,成了现在的东门街地区。它的形成,使得八团镇形状由"线"成"面",并且向西连接整个浦东腹地,加速了八团镇的繁荣和发展。

由此可见,八团古镇范围:东到十一墩街,西到东护城河,南到护塘街、十一墩街南端,北到北街的北端。

抗倭修筑川沙城

在造就并繁荣了八团古镇的同时,也引来了倭寇海盗船,真可谓成也萧何,败也萧何。明嘉靖三十一年起,倭寇盘踞川沙洼,屡犯川沙,骚扰劫掠,为害甚烈。朝廷当局听从当地人乔镗、王潭的建议,决定在川沙筑城抗倭。

明万历《仰德祠碑记》载:筑城时,"诸当受版筑者,或与公(指乔镗)故等夷,意不能相下,稍稍目摄之"。从这段文字中,可见乔镗没有把八团镇全部圈入川沙城,遭到城堡范围外士绅的反对。

乔镗为何要这样做?首先形制制约:集镇沿着老护塘总体南北窄长,而军事城堡一般修筑成方形。其次财力制约:集镇面积太大,无法将其全部围入,故乔镗选择在民居相对较少的八团镇西面筑城，实在也是无奈之举。

新城筑成古镇湮

新城筑成后，由于不在八团集镇范围，故另起新名叫"川沙堡城"（因川沙洼而名，"堡"为军事设施）。

川沙新城刚建好，吃足倭寇苦头的人们纷纷搬入。城外富人和商店自然捷足先登。不少官府衙门也纷至沓来：有管理川沙地区盐场的机构下沙三场盐课司，管理南汇盐场的下沙二场盐课司，还有管理三林和东沟地区地方治安的三林、南跄巡检司，甚至还有原在三团镇（后为南汇县城）的军事指挥机关"把总司署"。川沙城内不仅商铺林立，还有不少官府，拥有"九庙十三桥"，繁华热闹，俨然像个"县城"。至于后来川沙设置厅、县，川沙成了名副其实的县城。

而东面护城河外的八团古镇，慢慢风光不再。久而久之，喧宾夺主：川沙城名声鹊起，成为主角；而八团镇则销声匿迹，不为人知，甚至成为川沙城的附庸。如东门街，实际上此街形成时，还没有川沙城，更没有东门，故不可能叫"东门街"。它是川沙筑城后，"城里人"慢慢习称叫出来的，原街名已不可考。这就是"喧宾夺主"的证明。

古镇历史应保护

现在，大家只知道川沙最早的历史是"460年的筑城史"。殊不知，川沙还有"上千年的制盐史"。上海现存最早的弘治《上海志》，记载有八团镇等十个镇（有新场镇、周浦镇、下沙镇、三林塘镇等），没有惠南镇，也没有川沙（因当时川沙还没筑城）。故民间有"先有护塘街，后有古城墙；先有八团镇，后有川沙城"之说。

现在八团古镇外围遭到了破坏。北街和十一墩街近年拆迁。开挖浦东运河时"裁弯取直",现川环南路大桥下的河面,正是当年的老护塘及两侧的 "运盐河"。所幸八团古镇的核心区,现在的东门街地区依然完好,并被列为上海市历史文化风貌保护区。

东门街西起护城河上的东门桥,东至护塘街。街道两面有着零零落落的店铺,还保留有古镇现在唯一的石头"贞节牌坊"。护塘街至今保留着川沙最古老的两座四合院,青砖灰瓦,斑斑驳驳,记录着岁月的沧桑,仿佛向人们诉说着八团古镇的历史。这样原汁原味的老街,不要说浦东,就是在上海地区也属凤毛麟角。

八团古镇则是川沙的历史之根,我们应该加以保护。她的"归来",将使川沙历史锦上添花,提前几百年。

老街一景

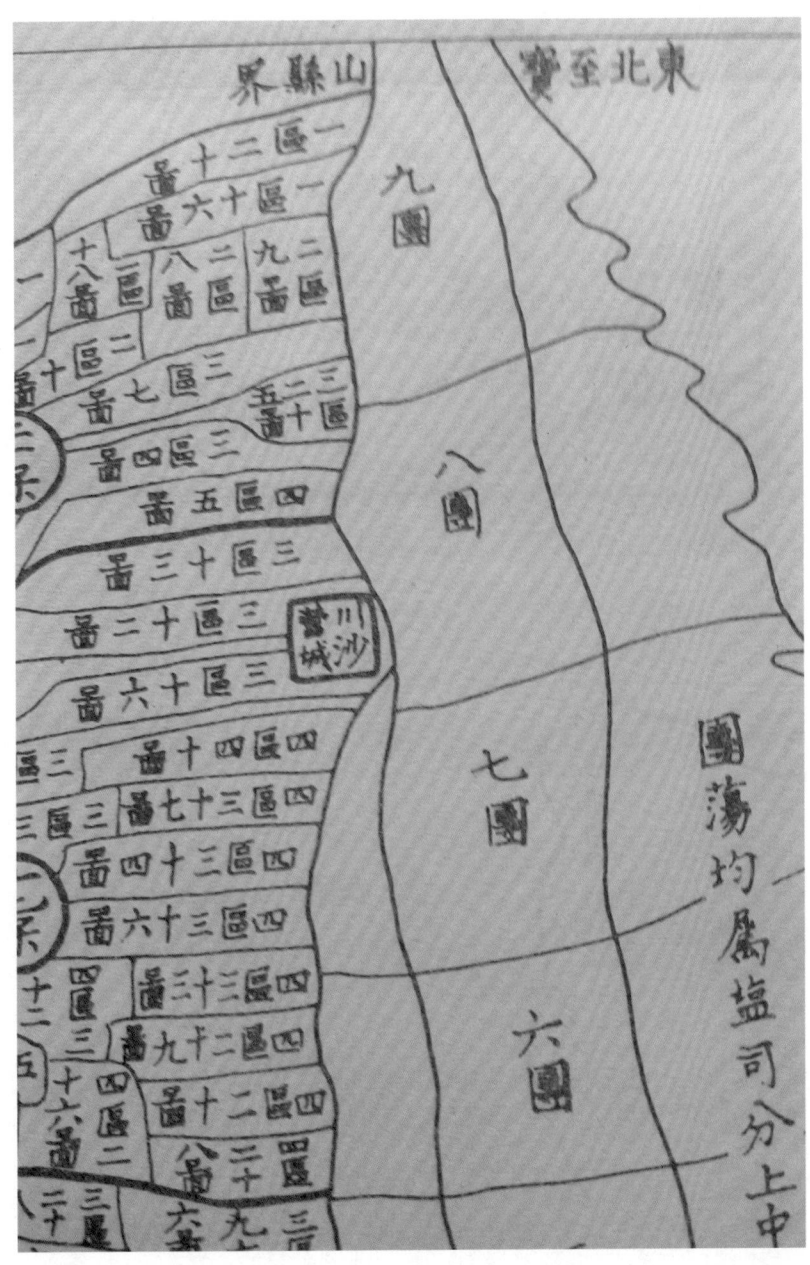

八团古镇图

原汁原味的老街

带有现代气息的古镇

护塘街

出川沙镇中市街,跨东门石拱桥,沿行东门街200余米便是南北走向的护塘街。护塘街位于老护塘之上。《浦东新区地名志》记:"(南)起自浦东运河十一墩,(北)迄川沙印刷厂。因街在原老护塘上而定名。路面结构片弹石,长776米,宽约2米。"其实最初的护塘街并没有这么长,从北至南,约终止于今日新川路处,往南不远就是南汇县的十一墩了。1950年,南汇县北界部分地区划入川沙县,十一墩也随之划入川沙县。之后随着行政管辖范围的统一、街区的延伸,慢慢地十一墩也就成为护塘街的一部分了。

一

倘若探究护塘街的渊源,不得不说老护塘。老护塘古称捍海塘,后称内捍海塘,又名霍公塘。北宋皇祐年间华亭知县吴及墓志铭载:"知秀州华亭,俱有能名。……在华亭缘海筑海堤百余里,得美田万余顷。岁出谷数十万斛。民于今食其利。"墓志名中的海堤应该就在这一线。南宋绍熙《云间志》"堰闸"条记述："旧捍海塘，西南抵海盐界，东北抵松江，长150里。"光绪《川沙厅志》水道卷亦说，"松属沿海地唐天宝十载前隶海盐县，后隶华亭，《云间志》所称旧捍海塘与今护塘界至合（即同一条海塘）。"1997年出版的《上海水利志》更明确指出："今已查明系北宋皇祐四年至至和元年(1052～1054年)吴及任华亭县令时所筑。"

　　随着时间的流逝，川沙海岸线向东推移。数百年后，钦公塘的修筑，使老护塘的御水功能逐步退化，逐步演变成一条贯穿浦东东部地区的南北交通要道。随着行人的增多，老护塘上每隔几里便出现了一座座大小不等的街镇，护塘街就是其中之一。列数老护塘上的街镇，从北至南排列着徐路、顾路、曹路、龚路、大湾、小湾、车门、护塘、十一墩、六团湾（湾镇）等。当时川沙南部地区江镇、六团、黄楼等居民进入川沙城，大多脚踩老护塘，途经护塘街，折入东门街而来。

　　翻开浦东历代水利图，可以看到老护塘（护塘街）居于两濠（河）间，东为"御寇河"，亦称"备难河""东运盐河"，俗称"外护塘港"，为明代抗倭英雄乔镗为阻止倭寇骚扰而带领乡民所开凿。西是王安石曾孙王珏组织开挖的"西运盐河"，俗称"里护塘港"。明清两朝，老护塘一度成为国家海防要地。塘上筑起墩汛，以此举烽火而报海警。自南而北一墩、二墩、三墩……，至黄家湾共计十七墩。每墩有瞭守军士五人。每塘有瞭守军士十二人。"随着岁月的推移，在某些墩处逐渐集聚成市。于是出现了三墩、十一墩等街镇。至民国，这些突兀的墩址大多已夷为平地。

　　随着现代陆路交通的发展，二十世纪20年代，上川铁路通车。60年代初川黄公路修建，老护塘的交通功能日渐式微，护塘街也随之日益冷清。1977年冬、1978年春，利用东、西运盐河老河床，裁弯取直开挖南北流向的浦东运河，更是将老护塘多处挖断。从此老护塘交通功能基本废除，护塘街的商业也随之一落千丈，走完了最后一程。

二

今日，走在窄窄的护塘街上，再也听不见海浪的轰鸣，嗅不到海风里充斥的咸味，难遇南来北往的路人与你摩肩而过。护塘街早已远离大海，远离尘嚣，沉睡在历史的河床里。走在凹凸不平的街石上，恍若走进一个被现代繁华所抛弃的角落，只有几处饱经风霜的木排门板（以前开商店用）还在提醒曾经有过的街市喧哗。无情的岁月融化在斑驳的砖墙上、破碎的瓦片里、开裂和钙化着的木柱与橡子间。

如果你有幸遇见从小居住在护塘街的老人，也许他可能会站在家门口向你描述他当年眼中的市井万象，清晰地说出家宅附近许多店铺的名号，你会知晓这里是"徐义泰"米庄，那里是"德丰公"米庄，隔壁是"金风顺"染坊，北面是"姚福生"竹行，南面是"吴合兴"米庄，从而构画出一幅护塘街的商铺画卷。

以现代人的眼光和标准衡量，护塘街两旁的建筑是那样低矮。许多房舍从屋檐至地面大概只有2米左右。整条街道，除了低矮的平房，就是二层楼房相隔其间。由于许多住宅改建拓宽，街道变得越来越狭窄，有些地方宽度已经不足2米，连两人并肩前行都显得困难。然而一旦你沿着护塘街一直往南，跨过护塘街上的唯一一座桥梁后，在护塘街125弄弄口稍作流连，仔细察看，便会发现低矮的屋檐下，残存着一块白色的门牌，上面印有"十一墩街79号"字样。若你再仔细一点，还会有新的收获，不显山露水的79号竟是一座百年绞圈式老房子。无独有偶，在这座老房子南边20米处（护塘街111号）又是一座毫不显眼的百年老屋。两座老屋在"文化大革命"中遭到破坏，屋面上的各种建筑造型全数被毁。

站在老房子的天井中央，与风雨消蚀的屋脊、烧制花纹的落水瓦，雕刻人物故事的栋梁相遇交流，一定会让你感受到护塘街昔日的家常里短、海风咸味，看到东、西运盐河里高扬的风帆，听到街市苍老的吆喝，抑或老护塘畔痛击倭寇的喊杀！

两座老房子里深藏着遥远的护塘街！

三

离开老房子继续往南，停留在护塘街95号处西望。离街数米矗立着几根高出地面1米多的水泥桥墩。经与附近居民核实，此桥就是架于西运盐河上的潘家桥。原为石桥，1950年代坍塌后改建成水泥桥。

潘家桥，实在是一座十分普通的乡村桥梁。在开挖浦东运河时，因河道改道被废弃。

潘家桥，又实在是一座悠久的历史之桥！上溯462年、明嘉靖三十四年（1555年）八月，一场抗倭的战斗就在这里打响。《上海县志》《分建南汇志》《川沙抚民厅》以及后来的民国《川沙县志》都记载了这次战斗。

那年八月，一股700余人的倭寇从柘林出发，前来与盘踞川沙洼的倭寇会合。川沙乡绅、国子生乔镗获知后，率领300名乡兵及南跄巡司弓箭手70人，在川沙东南边的潘家桥设伏阻击。此时正巧嘉定县丞张潮带领上海兵来此巡察，从后面夹击倭寇。经过激战，700余倭寇几乎全歼，只有5人侥幸翻塘渡河向东逃走。

熟悉明代江、浙地区抗倭史者都知道，在川沙、南汇、奉贤、金山、上海等地都发生过抗击倭寇的大大小小战斗。可惜以上地名所涉及的范围广大（即大地名下还有许多小地名）。然而潘家桥的意义就在于它的指向和范围是那样明确，它就是一个点，是一个不能再小的小地名，并且保留至今未改名，再说这场战斗又是那样的辉煌。

460多年过去，抗倭的喊杀早已沉寂、墩汛的烽烟也随之泯灭，那么在潘家桥址耸立一块抗倭的英雄碑，也许是纪念先人，教育后生的最好方式！

进而，我想到，护塘街的意义不仅仅止于一座英雄的纪念碑，它分明是农耕文明的产物、最具浦东地理特性的标志。正是一条条向东修筑的护塘，拓展了我们赖以生存的浦东大地。脚下的老护塘又是上海地区毋庸置疑的最古老的海塘。因此在护塘街筹建一座海塘文化纪念馆，以此颂扬先人御水拓土的伟业、播稻植棉的劳作；追寻川沙人走在护塘街上，由田野走向城镇，由农耕文明走向工业文明的脚步，不啻是一件值得思考的文化事件？

1900年，走在护塘街上的农人一定已经清晰地听到了百米之外川沙城内、内史第中第一台毛巾织机的轰鸣！

护塘街上的百年绞圈房

保护完好的护塘街民宅

护塘街，犹如编织毛巾的一根棉线，串联起两个文明之间的尾端与开端！

由此联想：前来川沙的人们，如果从护塘街一路走来，尔后折入东门街西行，跨越石拱桥进入中市街，那么走在这狭窄而悠长的石街上，川沙这座明代古镇，给予他的印象又会如何？

或许，这就是今日护塘街的价值与魅力所在！

护塘街上的川沙印刷厂

川沙名胜·护塘街

护塘街

钦公塘

钦公塘又称外捍海塘，坐落在今华夏东路、川南奉公路交汇处。明万历十二年（1584年）上海知县颜洪范筑外海塘，至次年竣工，长9250丈，塘阔2丈，高1丈7尺。

雍正十年（1732年）3月，沿海遭受一次特大的海溢灾害，海塘多处湮坏，沿海百姓苦不堪言。一首"竹枝词"描述说："传闻父老最销魂，雍正十年大海潮，一夜飓风雷样吼，生灵十万作凫飘"。

素有"厚民俗、遂民生、苏民办、去民害"之抱负的新科进士、南汇县首任知县钦琏，字幼畹，浙江长兴人，目睹这般凄凉景象，下决心要筑造一条海塘，为民造福。他曾先后三次上书朝廷，要求拨款筑塘。无奈"天高皇帝远"，上书均无音讯。忧烦之际，钦琏卖掉了自己十二家店当的家财，筹款筑塘。雍正十一年（1733年）初，钦琏张榜招募民工，开工筑塘，四方百姓纷纷应募而来。钦琏根据当时刚受海溢灾害的民情，施用了以工代帐的办法，把筑塘与救灾结合了起来。他亲临工地，鼓励百姓齐心协力筑海塘。

凡是为海塘搬石挑泥者，当即赏发铜钱。于七月竣工。北起黄家湾，南至朱家店水闸，全长28.8公里。

现在我们看到的钦公塘，很少有笔直的地段，这里也有缘故。当时筑塘，先是按直线施工，但是在修筑过程中，就有不少地段被突袭的海潮冲垮。后来，钦琏召集民间的能工巧匠献计献策，采用砻糠定形划线的方法：在落潮时把砻糠撒下海，待潮水退尽，留在海滩上的砻糠就很自然地形成了一条水线的痕迹，给修筑海塘提供了一张十分科学的图纸。沿着水线修筑的海塘，难以被冲垮。

为百姓做好事的人，百姓不忘记他。海塘筑成后，百姓异口同声称"钦公塘"。后来，钦公塘沿线修建了10多个"钦公庙"，每逢农历十月十五举行"迎神庙会"（钦公会），男女老幼前往钦公庙纪念钦琏。并在庙门口的"镇龙瓮"里设摊投铜钱，作为钦公塘维护捐款。

在当时，钦公塘不仅防汛防潮，还阻倭寇、防海盗入侵的作用。百姓在钦公塘上筑起了"烟火墩"（类似碉堡），每隔三五里设一个，逢有险情或盗寇作乱，就点火报警。现钦公塘沿线的青墩、大洪墩、陈家墩等地名，就是由当年的烟火墩沿袭而来的。

随着岁月流逝，海滩不断向外延伸，现在钦公塘的捍海作用已被后来修筑的人民塘代替，而钦公塘则成为贯穿川沙、南汇、奉贤、金山的交通要道，就是现在的川南奉公路，近年来，主要路段拓宽成了八车道。借助钦公塘的天时地利，沿塘小集镇蓬勃发展，如祝桥、邓镇、施镇、江镇、蔡路、合庆等。

如今，钦公塘两旁高耸的水杉树列队成茂盛的林荫大道，默默地向钦公塘致敬！脚下的钦公塘犹如一本历史教科书，任凭我们子孙后代翻阅、铭记、追忆……在祝桥华星路口的钦公塘上立有"钦公塘"碑文，铭记钦琏修筑钦公塘的丰功伟绩。

川沙名胜·钦公塘

纪念钦琏筑塘的钦公庙

部分保留的钦公塘

钦公塘遗址纪念碑

川沙八景

川沙八景在何处？今天走遍整个川沙城已经找不到其中的一景！只剩下这个多么美丽而蕴含无数想象的名词了。

有关川沙八景的记述，最早见于川沙历史上最早的一部地方志书——《川沙抚民厅志》，分别为南园古木、北院疏钟、绿杨饮马、白漾观鱼、芳渚归帆、层桥夕照、香雪城坳、碧阴堤曲八处景物。

在川沙历史上曾相继建有梅园、青草园、南有园、遂生园、中山公园、河浜公园、涛园等众多园林，其中以明人王观光建造的南有园最负盛名。

王观光祖辈王潭曾经与抗倭英雄乔镗共同倡议修筑川沙城墙。南有园主人王观光担任过宁波通判，后官至王府长史，任职时颇有政绩。明末，面对朝政腐败，王观光于是"避世金马门，孰若高卧羲王枕"。辞官回到家乡川沙，随即构建私家园林南有园。园址在今川沙观澜小学处。南有园建成后，王观光时常在园内与当时的一班诗朋文友吟诗作赋。故园外架于署前港上的桥梁谓之"集贤"。明人吴骐有《题南有园》诗："卜筑对江城，江流抱槛清。幔开风蝶近，门掩雨鸠鸣。独坐书盈榻，高谈酒满觥。凭轩春水澜，点点白鸥轻。"勾画出一幅远离尘世、悠然致远的隐居画卷。

其时园内有参天银杏一株，是以为"南园古木"景致，遂成"川沙八景"之一，并居于八景之首。除了南有园，王观光还建造了著名的兰芬堂，它在南有园北面，共三进深，36间房屋。解放后由于市政建设需要被拆除了。

王观光去世后，南有园无人料理，逐渐荒芜。

北院疏钟位于城北门外种德寺。种德寺为川沙始建最早的古刹之一，咸丰十一年（1861年）毁于兵灾。二年后，里人蔡锡晋等重建，今已毁。因而今天，我们只能在心里默默地静听种德寺的钟声，想象北院暮鼓晨钟的景象了。

绿杨饮马在小教场。其景水光粼粼，绿杨摇曳，婀娜多姿，抗日战争时期依然有迹可寻。

白漾观鱼在漕仓东，位于城东北一隅。其景为漕仓东边的南北向河流，与护城河相接处。时河水清澈，可见鱼翔于水中，逐渐成为一景。

层桥夕照在西门三灶港处。每逢晴日夕阳西下，登城内九如桥远眺，夕阳、桥梁相互映衬，景色奇丽。

香雪城坳在青草园，为黄绳华别墅，后归沈氏，位于城西南。青草园与梅园南北相连，时有梅树二百余株。20世纪初尚有梅树百余。梅花盛开之时，雪色一片，冷香四溢。清沈向荣诗曰青草园："东田别业蔼余晖，草色芊绵上野扉。日暖萝垣花竞笑，雪封竹径鹤知归。奚襄满贮新诗卷，小栏闲凭旧钓矶。却忆对床风雨夜，提壶共许典春衣。"

碧阴堤曲在花园沟口。花园沟口在乔家弄东，为乔氏别业，园中石刻甚多。现皆湮没，踪迹无寻。

芳渚归帆在东门外整帆亭，今同样无迹可寻。

除了川沙八景，川沙地区还有塘东八景，分别是海天浴日、岛屿澄波、秋塘玩月、沙碛观鱼、柳岸听蝉、芦滩捕蟹、秧田晚唱、花市晓灯。

惜哉，让川沙八景永远留存在我们美好的记忆中。

画家笔下的川沙八景之一：南园古木

画家笔下的川沙八景之二：北院疏钟

画家笔下的川沙八景之三：绿杨饮马

画家笔下的川沙八景之四：白漾观鱼

川沙名胜·川沙八景

画家笔下的川沙八景之五：芳渚归帆

画家笔下的川沙八景之六：层桥夕照

画家笔下的川沙八景之七：香雪城坳

画家笔下的川沙八景之八：碧阴堤曲

九庙十三桥

  小小川沙城，周长才四里，面积不足0.5平方公里，然而九庙十三桥之说却流传至今，令人遐想。九庙十三桥——并非只是美丽的传说，而是曾经的现实。在不同年代的川沙地方志书中，记录着的川沙城内庙宇、桥梁数目，甚至多于九庙十三桥！

  先说庙宇。在《川沙抚民厅志》中，收录有城隍庙、关帝庙、五府庙、东岳庙、罗神庙、财神庙、猛将庙、火神殿、天后宫、观音堂、三官堂等。历经四百多年风雨后，在今天的川沙城内只存下西门街上的城隍庙和关帝庙两座庙宇，在历尽劫难，几经修缮后，今天还继续点燃着香火。

  至于说到十三桥，具体十三桥又分别架于何条河上，那一定得先弄清川沙城内的河流。城内的主要河流为三灶港（浜）。三灶港从东门水关入城后，从东向西流去。大约在今天的北市街处，折向北流，至今天的三灶浜路处，折向西流至西水关出城而去。清楚了三灶浜在城区的流径，也就知道了三灶港上众多桥梁的方位。从东起第一座桥为牌楼桥，接着是来紫桥和四明桥。过了四明桥后，三灶港呈南北流向。这段南北向的三灶港，其位置大约是今天的北市街一段，即中市街至三灶浜路段，短短的一二百米。在南北向的三灶港上，由南至北依此架着罗神庙桥（因桥东有罗神庙而得名）、六安桥和太平桥。流过太平桥，三灶港又呈东西流向。在这段三灶港上架设有三多桥。整个三灶港川沙城区段共架设桥梁七座。

如果说三灶港上桥多的话，那么处三灶港南与之并行的署前港也毫不逊色。署前港因位于川沙抚民厅署前而名之。它虽然比三灶港短了许多，却也架着五座桥梁，从东至西分别是集贤桥、正阳桥（俗称苏家桥）、报升桥（有两座，同在参将署西）、卫安桥。另外在抚民厅东连接署前港和三灶港的河道上架有化龙桥，在太平桥东的河流上分别由西向东建有九如桥和两座盐仓桥，一座建在仓南，一座建在仓北。后来在此段河道上又建了至元堂后桥、青山桥，在署前港西段建了中山桥，在乔家浜上有过竹行桥，又名逃走桥。再算上东、西、南、北四座连通城内外的吊桥，川沙城内的桥就远远超过十三座了。由此印证，那时的川沙城是一座名副其实的江南水城。

1949年后，川沙镇内市政建设加速发展，大部分庙宇被毁或移作他用。绝大部河道被填没，只存下护城河还在日夜流淌。河上的桥自然也同时被拆除殆尽，唯有来紫、化龙、正阳、集贤等许多颇有诗情画意的桥名留给后人去回味。

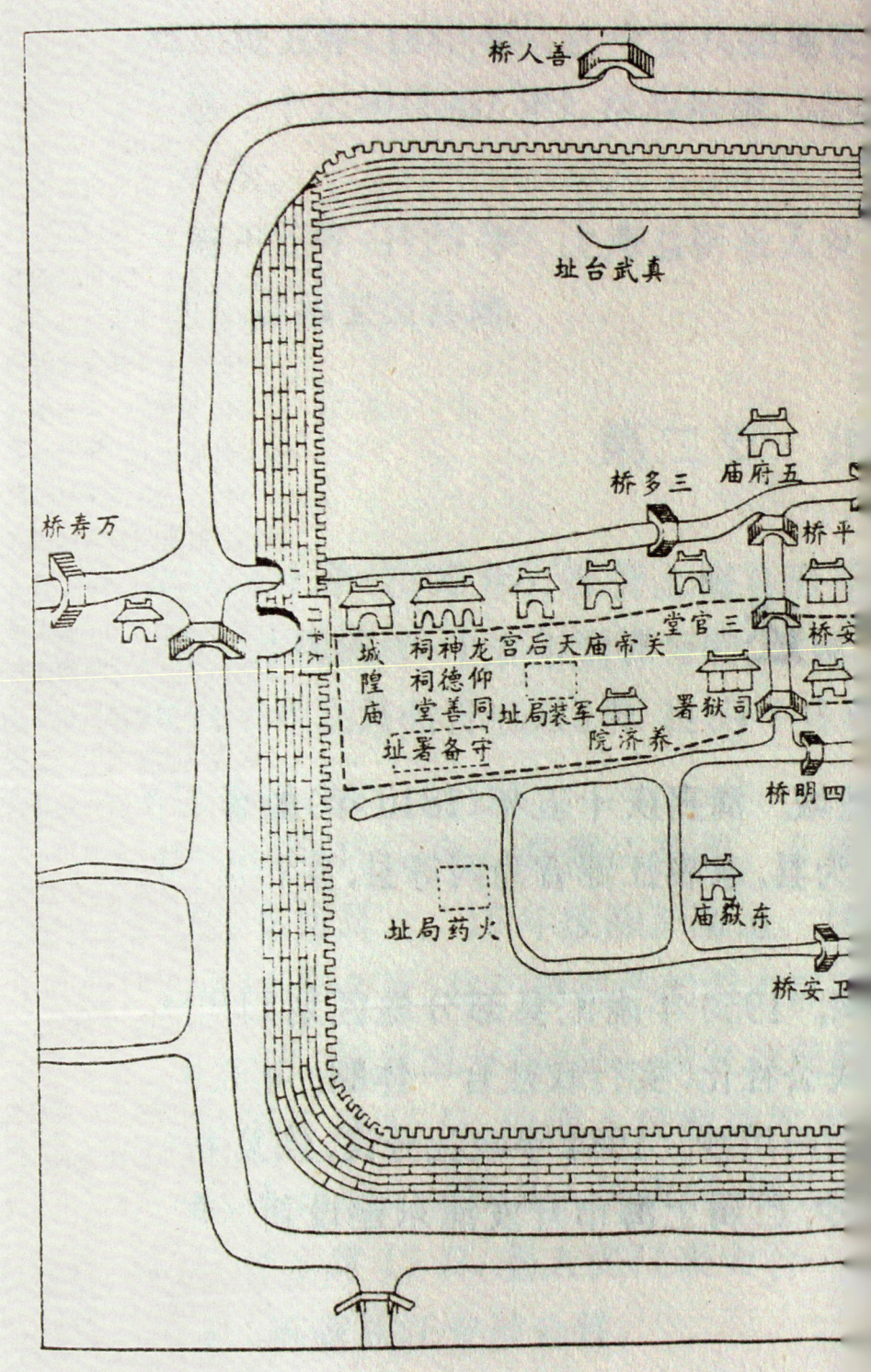

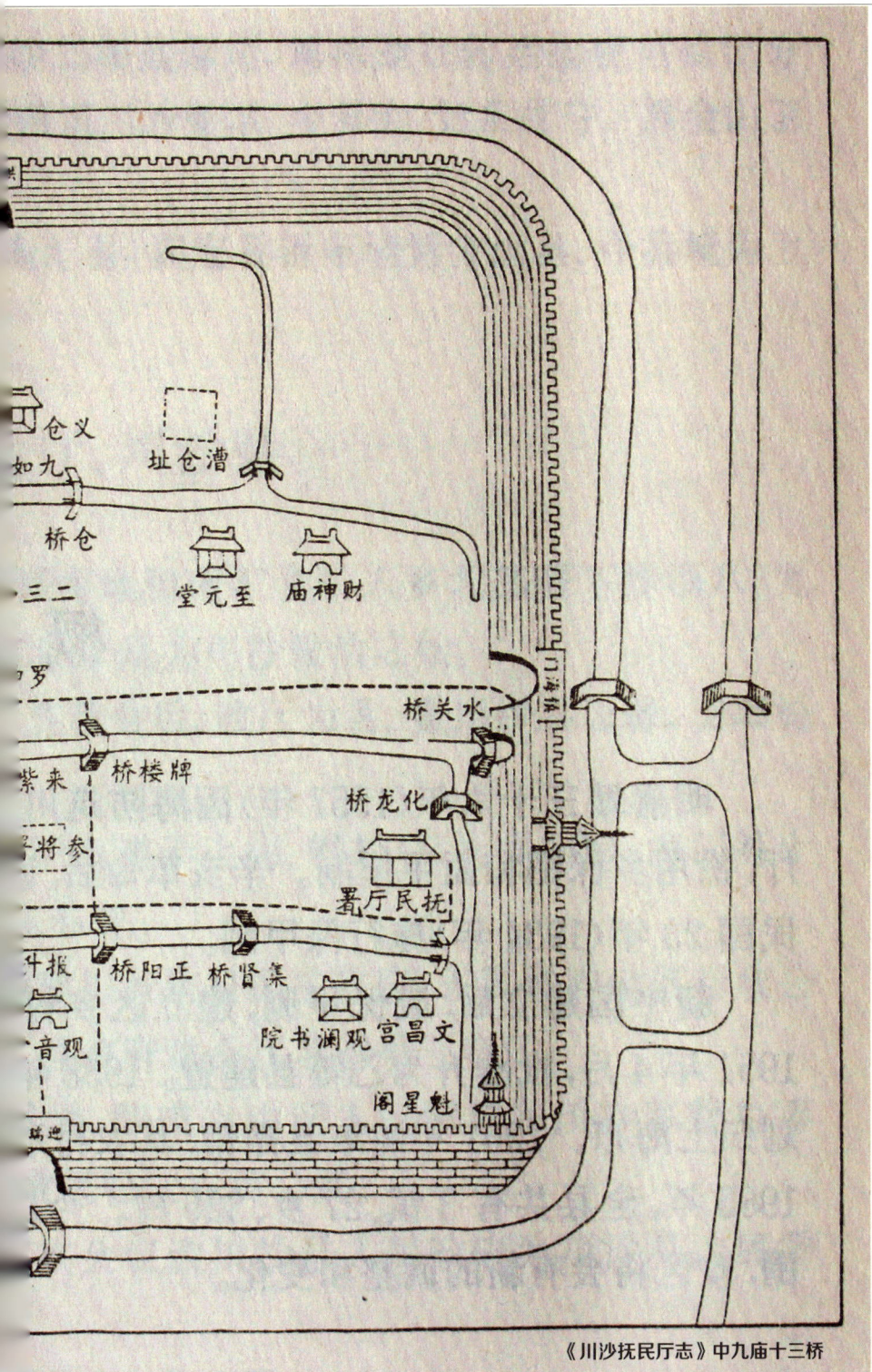

《川沙抚民厅志》中九庙十三桥

东野草堂

"东野草堂"是著名社会活动家、教育家黄炎培小时候读书的地方。他在孩提时代一直寄居在外祖父孟庆曾（又名孟荫馀）家里。孟老先生学识渊博，待人诚恳，为避城区喧闹，便在川沙东门外三里路的七团境内（今太平村七组）建造一幢七路五开间一正两厢房的砖木结构房屋。建筑面积120多平方米，全家居住这里。

有一天，孟老先生在家里全神贯注地看书，8岁的小外甥黄炎培侧着小脑袋，双目入神地注视着他看书。孟老望着黄炎培认真的样子，心中欣喜万分。看到小外孙黄炎培不仅聪明伶俐，而且写字、看书、做游戏都很认真。俗话说："三岁看八岁，八岁定终身。"孟老先生相信这个道理，懂得教育后代应该从小抓起，应该让他多学点文化知识，多学点做人的道理，多掌握点服务社会的本领。于是，萌生了办学的主意。

孟庆曾先生凭借殷实的家底，在两厢房办起了私塾，取名为"东野草堂"，教授儿子、外孙及村上的农家子弟。从此，琅琅的读书声飘荡在孟家大院内外。孟先生对待学子不分家庭贫富贵贱，一视同仁，悉心教导。有些农家子弟交不起学费，就给予免费，还赠送书籍、学习用品……孟庆曾的学识、为人和道德情操，深深地感染了黄炎培，使他从小立志：要像外公那样，做一个有益于社会、有益于民众的人。

黄炎培在外祖父的私塾里读了10年书，孟老先生对外孙的刻苦读书、品行举止都十分赞赏。有一年冬天，孟庆曾把黄炎培叫到跟前，郑重地说："我年纪老了，这个学堂送给你，由你经管，希望你能为社会多培养些有用人才。"

黄炎培牢记外祖父的教诲，辛勤耕耘。为了缅怀外祖父，黄炎培先生特为"东野草堂"书写了匾额。他说："唐朝有位诗人叫孟郊，字东野，我题'东野草堂'实为不忘一个孟字。"1944年，为纪念他外祖父孟荫馀，黄炎培嘱托学生沈敬之先生集资将"东野草堂"改为"荫馀小学"，实行新学。聘请之江大学毕业生陆宛如任校长。

解放后，地处太平、和平、畅南、香莲四村的荫馀小学改名为"四村小学"。同时，学校由私立改为公办。1960年还附设幼儿班。1981年，川沙县教育局决定将四村小学并入川东小学之后，旧址曾被用作加工场、废品收购场等。2015年，因修筑凌空路将"东野草堂"旧址拆除，但乡亲们还对"东野草堂"有浓浓的乡愁和记忆。

黄炎培为东野草堂题字

川沙名胜·东野草堂

东野草堂外墙

川沙名胜·东野草堂

东野草堂

东野草堂旧照

林钧故居

林钧（1897~1944），原名朱建璜，川沙镇人。他年幼丧双亲，由姨母抚养长大，故随姨父姓林。林钧故居坐落在新川路171号与179号的学校弄转角处，是一幢坐北朝南七路五开间粉墙黛瓦的平房。

1910年，林钧在周浦一家布庄当过学徒，后考入省立师范学校，又进上海大学攻读社会学科，深受瞿秋白、恽代英影响，积极参加社会活动，1924年加入中国共产党，是川沙县最早的共产党员。

1925年"五卅"惨案发生后，林钧作为学联领袖，同上海总工会、商会等各群众团体，联合举行罢市、罢工、罢课，和李立三等5人被推选为工商学界代表。

1926年10月至1927年5月，林钧积极参加了三次上海工人武装起义，同年12月担任市民党团组织的党团书记。在市民大会上，产生了上海特别市临时市政府，被选为委员，又被任命为秘书长。"四一二事变"发生后，临时市政府被扼杀。4月27日，林钧出席了在武汉召开的中国共产党第五次全国代表大会。

"七一五"汪精卫叛变后,林钧随周恩来参加南昌起义。转道香港回沪,在奉贤曙光中学秘密成立了中共奉南川联合支部,并指导创建中共川沙独立部,开展农民运动,林钧是浦东地区党建工作的创始人。中共淞浦特委成立,任宣传部长。

1937年,抗日战争爆发,在八路军驻沪办事处领导下,任情报、策反和军事组织工作。1944年5月20日,林钧经过浙江德清县时,被国民党特务逮捕杀害,时年47岁。

1949年8月,中共上海市委追认林钧为革命烈士。骨灰安葬在川沙烈士陵园。1997年,学校为建造"艺体楼",将林钧家宅拆除。2002年6月,浦东新区文物保护管理署几经协调,筹建"林钧故居"不成,于是在观澜小学"艺体楼"西侧立碑文,以示纪念。林钧故居遗址成为师生缅怀先烈,学习革命精神的爱国主义教育基地。

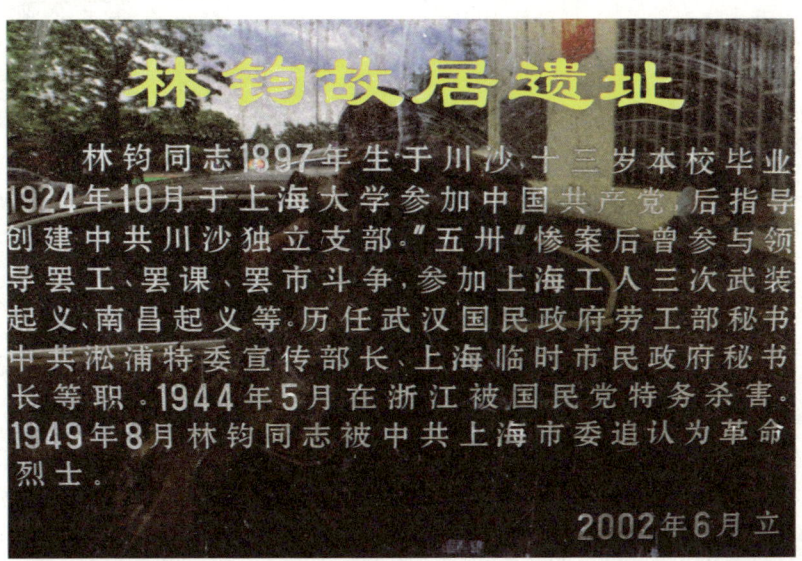

林均故居遗址碑文

杀虎墩

明朝，位于川沙镇东南六团湾（老护塘转角处）设有一座防御倭寇入侵的墩汛。敦汛高约三丈，占地四五亩。隶属金山卫指挥侯端管辖。侯端，字敬庄，为怀远将军、金山卫世袭指挥同知。

侯端刚毅勇猛，臂力过人，善于骑马射箭和挥舞刀槊，一手能提起衙门前四五尺高的石狮子走上十多步。有一次，侯端骑着战马经过城门，突然他伸出双手，一把抓住城门横梁，两腿夹住坐骑，将自己和战马悬吊在城门横梁上。周围的老百姓见了，万分惊奇，感叹侯指挥的威力。

一次倭寇来犯，占据金山卫城后，毁坏了城门桥梁。侯端在城外仰天长叹:"金山卫城亡,我也应该死,决不偷生!"只见他翻身跃马飞越护城河,杀入西城门,誓与倭寇决一死战,与金山卫城同存亡。冲入敌阵后,侯端如入无人之境,一路厮杀至南城门。倭寇首领见此惊呼:"这是好样的将军!"顿生生擒侯端之意。倭寇在街上横栏布索,企图绊倒侯端坐骑。侯端双手持剑,越战越勇。一剑挑起布索,一剑斩断布索,所向披靡,不可阻挡。侯端由南门再战至东城门,渐渐终因寡不敌众,不得已跃马越过护城河,退至城外。

这时,守备青村(今奉贤境内)、南汇两路援军赶到,金山卫守军士气大增。面对严峻形势,侯端审时度势,决定智取。他对士兵们说:"等到退潮的时候,倭寇的船只就会在坚硬的铁板沙海滩上搁浅。到那时,我们一人抱一捆稻草,火烧敌船,断其后路!"果然,倭寇见战船被烧毁,断绝了退回大海的后路,顿时军心大乱,仓皇退出金山卫城,向海滩逃去。侯端乘机率领士兵全线出击,打得倭寇片甲不留,悉数歼灭。从此,倭寇听到侯端的名字便闻风丧胆,再也不敢对金山卫轻举妄动。

明正统十二年(1447年),六团湾畔出现虎患。清初李延所著《南吴旧话录》记载了这次虎患。一只白额大虎渡海流窜川沙海滨地区,吃掉牛马百余头,伤害十多人。滨海居民从来没有见过老虎,相互告诫不敢擅自出门,路上行人几近断绝。侯端知道后,笑着对身边的人说,"老虎自己送死来了,我一定除掉它!"一天,他跨上战马,来到老虎出没的地方。突然林中传来虎啸之音,侯端的坐骑吓得伏地不起。侯端却翻身下马,手持打虎棍等候老虎前来。不一会儿,老虎呼啸着从林中窜出,随从兵丁大惊失色,纷纷后退。侯端镇定自如,一人向前与虎周旋搏杀。仅几个回合,侯端棍挑虎腰,将其高高挑起,狠狠摔到地上。只听见老虎一声惨叫，翘起尾巴坐地不动。这时，兵丁们还不敢上前，其实此时老虎已被侯端摔死。事后，兵丁将老虎拖至近处墩讯剥皮屠宰。有人提议，将虎皮献给上司。侯端摇了摇手说，"杀死一只老虎，怎么能显示出勇敢呢？等到上司问起此事，再呈上虎皮也不晚啊。"

后来有人在此勒石竖碑。上刻"侯端杀虎处"。从此，杀虎墩之名代代相传。

乡人倪斗楠感慨侯端英武抗倭又伏虎，撰竹枝词记其事：

手挈狻猊行府署，股横健马挂城门。

倏逢暴虎能徒格，地号侯公杀虎墩。

另有清人《云间竹枝词》曰：

杀虎墩边宿草枯，将军英略冠三吴。

近来人更猛于虎，愿付灵风一剪屠。

杀虎墩位于川沙镇东南约6公里。侯端杀虎事迹另载于《松江府志》和《金山县志》。

川沙名胜·杀虎墩

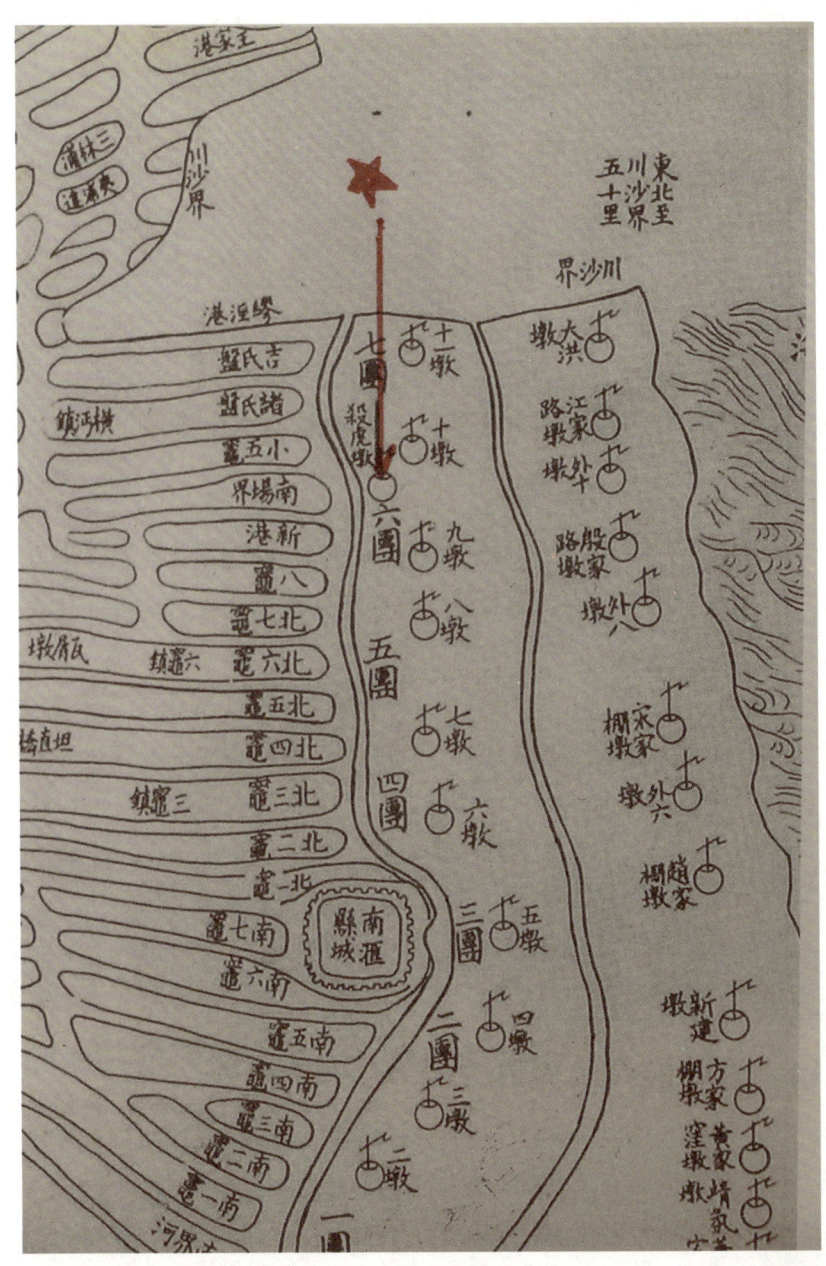

杀虎墩位置图

乔家厅和乔家家族

乔家厅，它位于川沙六团社区小普陀正南。当地上了年纪的老人几乎全都知晓："乔家厅很了不起，从前是县官老爷过厅都要下马、停轿。"

而今乔家厅只留下断墙残壁，不知道今后的命运如何。

乔家厅为乔木之孙建造，距今有300多年历史，大厅为一幢三进深的砖木结构大宅，前有墙门，中是大厅，后有大堂，两旁厢房数间，宅后西南角建有吹鼓亭（又名御碑亭），御碑亭为皇帝所封赐，凡是官员经过，文官必须下轿、武官必须下马。

这里南临七灶港，北靠小普陀寺，当年小普陀寺庙香火旺盛，保佑乔氏家族兴旺发达，一方水土养育一方人。有利的地理环境使乔氏家族很快地得到繁衍。现除乔姓外迁各方不计，单居住长桥五队的乔姓就有100多户。

乔氏家族从何地何时而来，追溯究底，川沙《乔氏族谱》所记载：乔姓始祖名玄，字公祖。为东汉梁国睢阳（今河南商丘）人氏，任县令官一直升至太尉，为官清廉，被百姓称颂为名臣。元朝末年，乔玄第三十三世裔孙乔杞,在松江府为官,其子孙在明代洪武年间移居今天的六团,此后乔氏家族人员从六团扩至川沙、上海县城、松江府,成为"遥遥华胄,族大枝繁"。川沙城内建有"乔家港、乔家弄"等地名和建筑,百姓中一直流传着"乔半城"的说法。最为川沙人熟悉的就是川沙古城之父乔镗。据《上海博物馆志》记载:乔镗墓地就在六团的牌楼村,墓地面积13亩余,封土高3.4米,前有石翁仲、石马、石羊、石狮、石碑等。乔镗儿子乔木、孙子乔拱宸墓地在六团八灶村,占地面积为10余亩,墓前有石牌坊、石翁仲、石马、诰命牌等。

乔家厅建于明代末年,此时正是乔氏家族盛世之时。乔家厅始建人传世至今,乔家已有二十多世。不少乔氏后人至今还能回忆出当年情形:"凡是乔姓家的婚丧喜庆全在大厅内举行。后来,每逢春节,乔家厅就成为人们的娱乐活动场所。"

至今,许多乔姓村民都声声叹息:"老祖宗传下这么气派的大厅会变成一堆废墟"。原来厅堂在历史上曾二次被焚,第一次焚于19世纪60年代,第二次焚于2003年。

乔家厅虽只留下点点痕迹,但"乔家厅"这个地名却永载史册。

乔家墙门一角　　乔家厅旧址

川城风云四百六十年

一

古代川沙是戍卒屯垦的海疆,沿海滩地盛产食盐。川沙洼开阔水深,船只停泊十分方便。明嘉靖年间,川沙洼成为倭寇骚扰沿海的据点。有人建议阻塞川沙洼以绝后患。里人乔镗却认为,塞洼不如筑城,以抵其要冲,当局称善。1557年,乔镗率领乡民在川沙洼旁修建城墙。城墙周长四里,高二丈八尺,设炮台20座;建造东、南、西、北四座城门,由吊桥与外界通连。岁月无情,风雨侵蚀。历经400余年,川沙城墙仅遗留数十米一截于古城墙公园内,供后人凭吊思古。

川沙城墙虽然没有秦时明月汉时关的凄苍悲壮,没有万里长城的滚滚雄风,但是它却是上海最早的海防工事之一。试想当年,新城初筑,海浪在脚下叹息。月光下孤城巍然于海疆,御敌于国门之外;戍楼刁斗,旌旗低垂,狗吠虫鸣,眺望此景,应是何等壮美和自傲。

初时,川沙城面积仅不足0.5平方公里。在一段十分漫长的岁月里,它地处荒僻,相比灿若星河般的中原文化,不免显得寥若晨星。300年过去,随着鸦片战争的隆隆炮声,川沙时时得风气之先,留下了许多耐人寻味的咀嚼与追思。

二

1878年10月1日,几声"哇哇"坠地的新声从城中传出,日后成为新中国人大常务委员会副委员长、政务院副总理的黄炎培在川沙城中诞生。1921—1922年间北洋政府两次电召黄炎培进京任职,黄未予应允。袁世凯愤恨之极,斥其为"江苏人(时川沙隶属江苏)最不好搞,与官不做,遇事生非"。1945年7月,抗日战争胜利前夕。黄炎培飞赴延安考察,于窑洞中与毛泽东纵论执政"周期律",成为中共与民主人士共商国是的典范!至今依旧闪耀着真理的光芒,依旧浸透着中国民主人士与中国共产党风雨同舟、荣辱与共的赤诚之情。

1887年,川沙女子倪桂珍嫁于从国外归来的海南文昌青年宋耀如。1890年,宋氏夫妇迁入川沙城借住内史第。在此先后生育宋庆龄、宋子文、宋美龄等兄弟姐妹。川沙成为宋氏家族向上攀登至"宋家王朝"的第一个台阶!今日内史第所展出的音像资料中还保存着宋庆龄回忆童年时代在内史第的生活故事。

历史之页翻到1888年的一天。川沙城旁种德寺内热闹非凡,集合水作、锯木、石工、雕花、桶作、板箱、小木、铅皮的行业组织"八业公所"在鲁班像前庄严成立。公所订立行规,每逢端午、中秋两节,会员赴种德寺奉祀祖师爷鲁班,并交流业务行情。19世纪末至20世纪二三十年代的川沙建筑业在"沪上建筑界卓著信誉(黄炎培言)"。以杨斯盛为旗帜的川沙男子汉,手持一柄斧头、一把泥刀,越过黄浦江,在上海滩创造了一个又一个奇迹。先后承建了海关大楼、中国银行大厦、汇中饭店(和平饭店南楼)、杨树浦发电厂、先施公司大楼、永安公司新楼（七重天）、龙华飞机场、香港银行大楼、梅龙镇酒家、怡和大楼等一批代表着上海现代都市形象的标志性建筑，成为那个时代凝固了的音乐。

20世纪40年代，川沙有近千名建筑技术人员奔赴新加坡、菲律宾、印度尼西亚、美国及港澳台地区从事建筑业。今日建造进才中学的叶进才，捐资修缮川沙古城墙和建造侨光中学的陶伯育，就是这个时期走出去的川沙建筑工匠。1950年代，川沙又有一万多名建筑工人分赴全国各地参加国家156项重大工程建设。北京人民大会堂、北京火车站、长春第一汽车制造厂、鞍山钢铁厂、洛阳东方红拖拉机厂等重大工程工地上，都留下了川沙人勤劳智慧的身影。

三

许多人知道川沙有着许多骄傲的桂冠，集建筑之乡、毛巾之乡、奶牛之乡、足球之乡、华侨之乡于一地。但是在很长时间内，作为川沙经济中流砥柱的毛巾业，竟开创于一位满腹经纶的书生沈毓庆之手，恐怕鲜为人知了。

沈毓庆"十岁辨音韵，习篆文，凡诗、古文之属无不能。十七岁即以第一名考入县学，常与同道研究金石"。就是这样一位封建时代的典型文人，却在1900年自己的家中，创办了"经记毛巾厂"，安装织机30台，成为中国毛巾业的先驱者。以后川沙毛巾迅速壮大，取代了日本的"铁锚牌"毛巾，占领了国内市场，并行销到东南亚。1937年抗日战争爆发前，川沙有毛巾厂202家，织机5371台，职工8695人，年产毛巾250万打。川沙无愧于毛巾之乡的美誉。

1983年4月1日，以加藤正信为团长的西日本OB足联盟访华团一行63人,来川沙与川沙老年足球队进行友谊比赛。谁料人气爆棚。下午2时,进场观众如潮水般涌入,不虞踩死2人,重伤3人。

1997年随着川沙体育场成为甲B赛场,川沙足球热一发而不可收拾。据这年7月20日《新民晚报》"川沙球市故事多"记载:"小绍兴浦东分店恰好开在川沙体育场对面。昨天赛前人满为患。不少球迷直到开场前10分钟也没有能吃完全部菜肴,只能匆匆离席。""这几天负责球票销售的申华球迷会会长成了大红人,人人都想'雁过拔毛',向他索要球票。昨天在去体育场路上,他连自己的球票也被'搜刮'走了。结果被认票不认人的警卫拦住,死活不让进……。"

然而,川沙历史的每一页不可能都写着光辉与灿烂。

1967年3月14日,在那座演绎足球悲喜剧的川沙体育场内人山人海,口号连天,宣告夺权取得了伟大胜利的造反派在此成立了上海的第一个县级革命委员会——川沙县革命委员会。张春桥、姚文元到会祝贺讲话。成立消息刊登于《人民日报》,顿时全国皆知,纷纷效法。全国各地参观取经团体络绎不绝。川沙县革命委员会特意成立了接待小组。

历史不因为某一天的灰色而失去它固有的价值。十年"文革"结束,十一届三中全会以后,川沙进入了新的发展阶段。80年代初,从几间茅屋,几口水缸起家,到年销售超过亿元的化妆品企业——霞飞集团,只用了几年的时间,被经济界称之为"霞飞现象"。上海恢复证券交易之始,创办于川沙城的申华实业公司,1992年以农民特有的务实气度登堂入室,成为上海资本市场赫赫有名的"老八股"之一。不久界龙实业公司紧步后尘,股海弄潮。两家农民上市公司屹立股海潮头,始终在上海证交所有着说不完的故事。

　　任何新生事物成长都有其必然性。今日以股份制为代表的现代企业制度种子，其实早在九十年前已经深深地播进了川沙的土壤。1921年，具有现代企业管理思想的黄炎培、张志鹤、顾兰洲等人发起成立上川铁路股份有限公司。"公司额定股本总额为国币40万元，分为2万股，每股20元。"先进的企业制度有效地促进了上川铁路建设的速度。1925年10月3日，庆宁寺至龚路段铁路竣工通车。翌年7月10日，龚路至川沙段亦完工启用。上川铁路以后逐渐延伸到江镇、施湾、祝桥，总长35.35公里。

四

　　浦东开发开放后，川沙新镇的面积达到了96.7平方公里。川沙镇区面积也不断扩大。东至浦东运河，西至华东路，北至川杨河，南至川周公路，面积近10平方公里。老城区经保护修缮，焕然一新生机勃发。护城河水日夜流淌，护城河廊新姿蜿蜒起伏；中市、南市、北市、西市四街风采各异，熙熙攘攘；内史第、明城墙遥相呼应，讲述着川沙的古往今来、光荣与梦想！护城河外新镇区高楼耸立，街市繁华。新川路贯穿东西、川沙路纵横南北；川杨河、浦东运河交汇于东北，浦东国际机场坐落于东南，迪士尼主题乐园兴建于川沙新镇地域西南。

　　川沙，上海浦东重镇，中国历史文化之名镇！

　　走进川沙，你会发现东西文化在内史第交融升华，黄炎培、宋庆龄在这里成长！走进川沙你还会发现中国现代营造业起步的足迹，会听到毛巾织机的交响曲！

　　请您，走进川沙！

后 记

浦东川沙，是国家认定的历史文化名镇，她的历史可以追溯到一千年之前，从 460 年前筑城建堡起，历史开始完整记录下来；200 多年前又成为一级政府机构所在地，所以留下了许多的建筑古迹和人文历史。

《川沙名胜》介绍了 54 处川沙的名胜古迹，其中有现在保留的明朝古城墙、内史第、观澜书院，也有记载千年历史今天仍有迹可循的八团古镇、护塘街、九庙十三桥等；既有陆家楼群、陶氏精舍、陶家宅等文物保护点，也有铁沙城、川沙大厦、鹤鸣楼等新的地标性名胜。

《川沙名胜》不仅向我们介绍了川沙的许多建筑故事，也向我们讲述了背后众多的人文历史；不仅向我们展示了川沙的名胜地图，也向我们展现了千百年来人民奋斗的画卷，所以《川沙名胜》是我们认识川沙、了解川沙的有益读本。

《川沙名胜》在编写过程中，得到了浦东新区许多文史专家的支持，得到许多热心人士的帮助，表示真诚感谢！

本书的主要撰稿者有潘建龙、周敏法、陈金虎、杨惠林、施济屏；其他提供者有徐文昶，"内史第的雕刻艺术"内容参考《民俗上海》。本书的主要照片得到顾昔老师的大力支持；除外，照片的提供者还有编写组成员以及陆云昌、"往事钩沉话川沙"公众号等，在此一并表示感谢。

《川沙名胜》编写组

图书在版编目（CIP）数据

川沙名胜 /《川沙名胜》编写组编 . —上海：上海科学技术文献出版社，2017
ISBN 978-7-5439-7595-8

Ⅰ. ① 川… Ⅱ. ① 川… Ⅲ . ① 乡镇—名胜古迹—介绍—上海 Ⅳ . ① K928.705.15

中国版本图书馆 CIP 数据核字（2017）第 282708 号

责任编辑：胡欣轩
装帧设计：有滋有味（北京）

川 沙 名 胜
《川沙名胜》编写组　编
出版发行：上海科学技术文献出版社
地　　址：上海市长乐路 746 号
邮政编码：200040
经　　销：全国新华书店
印　　刷：上海新开宝商务印刷有限公司
开　　本：720×1000　1/16
印　　张：16.75
字　　数：195 000
版　　次：2018 年 1 月第 1 版　2018 年 1 月第 1 次印刷
书　　号：ISBN 978-7-5439-7595-8
定　　价：68.00 元
http://www.sstlp.com